宁夏回族自治区地方标准

农村公路养护预算编制办法

DB64/T 1826—2022

主编单位：宁夏回族自治区公路工程造价管理站
批准部门：宁夏回族自治区市场监督管理厅
实施日期：2022 年 08 月 13 日

人民交通出版社股份有限公司
北　京

图书在版编目(CIP)数据

农村公路养护预算编制办法.地方标准/宁夏回族自治区公路工程造价管理站主编.—北京:人民交通出版社股份有限公司,2022.8
ISBN 978-7-114-17993-8

Ⅰ.①农… Ⅱ.①宁… Ⅲ.①农村道路—公路养护—预算编制—地方标准—宁夏 Ⅳ.①U412.36-65

中国版本图书馆CIP数据核字(2022)第086860号

标准类型:	宁夏回族自治区地方标准
	Nongcun Conglu Yanghu Yusuan Bianzhi Banfa
标准名称:	农村公路养护预算编制办法
标准编号:	DB64/T 1826—2022
著 作 者:	宁夏回族自治区公路工程造价管理站
责任编辑:	袁 方
责任校对:	席少楠 卢 弦
责任印制:	刘高彤
出版发行:	人民交通出版社股份有限公司
地 址:	(100011)北京市朝阳区安定门外外馆斜街3号
网 址:	http://www.ccpcl.com.cn
销售电话:	(010)59757973
总 经 销:	人民交通出版社股份有限公司发行部
经 销:	各地新华书店
印 刷:	北京交通印务有限公司
开 本:	880×1230 1/16
印 张:	9
字 数:	280千
版 次:	2022年8月 第1版
印 次:	2022年8月 第1次印刷
书 号:	ISBN 978-7-114-17993-8
定 价:	88.00元

(有印刷、装订质量问题的图书由本公司负责调换)

宁夏回族自治区
市场监督管理厅通告

2022 年第 29 号

宁夏回族自治区市场监督管理厅关于公布 2022 年第三批地方标准的通告

2022 年 5 月 13 日,宁夏回族自治区市场监督管理厅批准 3 项地方标准,现予以公布。

2022 年 5 月 17 日

(此件公开发布)

宁夏回族自治区 2022 年度发布地方标准目录
（第三批）

序号	标准号	标准名称	发布日期	实施日期	标准行业主管部门
1	DB64/T 1826—2022	农村公路养护预算编制办法	2022-05-13	2022-08-13	自治区交通运输厅
2	DB64/T 1827—2022	普通国省干线公路养护预算编制办法	2022-05-13	2022-08-13	自治区交通运输厅
3	DB64/T 1828—2022	普通国省干线公路养护预算定额	2022-05-13	2022-08-13	自治区交通运输厅

宁夏回族自治区市场监督管理厅办公室　　2022 年 5 月 18 日印发

目　次

前言 .... Ⅲ
引言 .... Ⅳ
1 范围 1
2 规范性引用文件 1
3 术语和定义 1
4 养护预算费用 2
　4.1 费用组成 2
　4.2 日常养护费 2
　4.3 信息化系统维护费 6
　4.4 养护机械设备购置费 6
　4.5 养护工程费 7
　4.6 农村公路养护预算费用计算程序及计算方式 11
附录 A（规范性） 农村公路养护预算文件编制格式 12
附录 B（规范性） 农村公路养护工程量清单计价规则 47
附录 C（资料性） 农村公路养护费用 107

I

前 言

本文件按照 GB/T 1.1—2020《标准化工作导则 第1部分:标准化文件的结构和起草规则》的规定起草。

请注意本文件的某些内容可能涉及专利。本文件的发布机构不承担识别专利的责任。

本文件由宁夏回族自治区交通运输厅归口并实施。

本文件起草单位:宁夏回族自治区公路工程造价管理站、交通运输部路网监测与应急处置中心、宁夏交通建设股份有限公司、昆明海巍科技有限公司。

本文件主要起草人:秦金才、郭新春、李宁、马慧成、窦占双、张凌云、李常军、倪静哲、兰骧、杨晶、方申、冯天鹏、冯静、张浩、葛箫亮、冀鹏举、路敏、裴晓亮、蒋小乐、杨志朴、罗余春、张传魁。

引 言

为规范自治区农村公路养护预算管理,科学合理编制农村公路养护资金预算,加强养护资金计划管理,提高资金使用效益,促进农村公路养护质量的提升,制定本文件。

本文件参照中华人民共和国交通运输部发布的 JTG 5610—2020《公路养护预算编制导则》、JGT/T 5640—2020《农村公路养护预算编制办法》,结合 JTG/T 5190—2019《农村公路养护技术规范》以及其他公路工程标准规范编制而成。DB64/T 包含范围、规范性引用文件、术语和定义、养护预算费用、附录 A(规范性)农村公路养护预算文件编制格式、附录 B(规范性)农村公路养护工程量清单计价规则、附录 C(资料性)农村公路养护费用。

农村公路养护预算是合理确定农村公路养护资金需求、编制农村公路养护资金计划的依据,也是编制农村公路养护年度预算的依据。编制预算时,应全面了解公路所在地的各项条件,掌握各项基础资料,根据养护设计(或方案)的作业内容、工程量和施工方法以及项目情况,正确使用本文件规定的各项指标、综合指导价及各项调整系数,合理地编制农村公路养护预算。其中,农村公路养护的相关技术参数及指标由行业主管部门每年进行数据跟踪与采集,视情况动态发布。

农村公路养护预算应采用本文件统一的表格编制,表格样式应符合本文件的规定,利用"农村公路养护预算编制服务平台"(http://www.nycost.cn)中配套的宁夏回族自治区专用模块编制农村公路养护预算,方便统一管理。

农村公路养护预算编制办法

1 范围

本文件规定了农村公路养护预算的编制范围、费用组成和计算方法。

本文件适用于宁夏回族自治区行政区域内农村公路（包含县道、乡道、村道）养护预算的编制与管理，其他道路可参照执行。

注：农村公路中的专用公路（滨河大道、立弘慈善大道及宁东能源化工基地中的专用公路除外）适用于本文件，其中归属县级农村公路养护管理单位养护的专用公路按本文件中县道标准执行，其他专用公路按村道标准执行。滨河大道以宁夏回族自治区交通运输厅《关于印发〈黄河金岸滨河大道养护管理办法实施细则〉的通知》（宁交发〔2015〕8号）文件执行；立弘慈善大道及宁东能源化工基地中的专用公路以相关的管养标准和运行规则执行。

2 规范性引用文件

下列文件中的内容通过文中的规范性引用而构成本文件必不可少的条款。其中，注日期的引用文件，仅该日期对应的版本适用于本文件；不注日期的引用文件，其最新版本（包括所有的修改单）适用于本文件。

JTG 5610—2020 公路养护预算编制导则
JTG/T 5640—2020 农村公路养护预算编制办法
JTG/T 5190—2019 农村公路养护技术规范

3 术语和定义

下列术语和定义适用于本文件。

3.1
费用指标 daily maintenance expense index

完成某项日常养护工作或技术状况评定工作或竣（交）工验收试验检测的综合平均费用标准，费用组成包括人工费、材料费、施工机械使用费、小型机具费、措施费、企业管理费、规费、利润、税金和安全生产费等。

3.2
综合指导价 comprehensive guiding unit price

完成某项农村公路小修作业或养护工程所需的单位费用，包括人工费、材料费、施工机械使用费、措施费、企业管理费、规费、利润和税金等。

3.3
工程量清单 bill of quantities

按一定规则和类别划分公路养护工作的组成和内容，对完成公路养护活动所产生的实物工程、措施项目、规费及税金等项目，按照项目名称、计量单位、工程量、单价、合价形式组合而成的明细清单。

3.4
计价规则 rule of valuation

基于一定规则，针对工程量清单的项目编号、项目名称、计量单位、计价工程内容等具体内容，以及表现形式所作的规定。

4 养护预算费用

4.1 费用组成

农村公路养护预算费用组成包括日常养护费、信息化系统维护费、养护机械设备购置费和养护工程费,如图1所示。

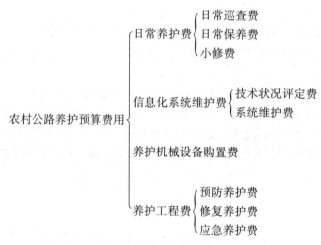

图 1 农村公路养护预算费用组成图

4.2 日常养护费

4.2.1 日常巡查费是指为及时发现农村公路及其所属设施损坏、污染及其他影响正常通行的情况而开展的日常巡查工作所发生的费用。

农村公路日常巡查内容包括道路日常巡查和桥梁日常巡查两方面。其中,道路日常巡查包括路基、路面、涵洞、交通工程及沿线设施、公路绿化与环境保护等;桥梁日常巡查包括桥梁基础、下部结构、上部结构和桥面系等。其具体内容见表1。

表 1 农村公路日常巡查内容

工程部位		作业内容
道路日常巡查	路基	1. 查看路肩是否存在缺损,是否堆积杂物,与路面衔接是否平顺等; 2. 查看坡面是否存在冲刷,坡体是否出现松动、剥落、滑移和坍塌等; 3. 查看排水设施是否通畅,是否存在破损等; 4. 查看圬工是否存在局部破损,勾缝是否脱落,泄水孔是否淤塞,防护及支挡结构是否存在倾斜、滑移、下沉、变形,基础是否存在冲刷等
	路面	查看路面病害的类型、严重程度及规模,路面是否存在有碍通行安全的障碍物,路缘石是否缺损、倾斜等
	涵洞	查看圬工(砌体)有无开裂,洞内有无淤塞,进水口是否堵塞,翼墙是否完整,洞口铺砌有无冲刷、脱落等
	交通工程及沿线设施	查看是否存在遮挡、污染、松动、损坏、缺失等
	公路绿化与环境保护	查看植物的生长情况,以及植物是否遮挡标志标牌等
桥梁日常巡查	桥梁	查看桥面是否破损、是否整洁,桥梁栏杆、人行道等设施是否完好,泄水孔是否通畅,伸缩缝是否完好,桥下过水是否通畅等

日常巡查费按下列公式计算：

日常巡查费 = ∑(道路数量×道路费用指标 + 桥梁数量×桥梁费用指标)×地区调整系数×
路面宽度调整系数×物价调整系数 　　　　　　　　　　　　　　　　　(1)

注：日常巡查费用指标分为县道、乡道、村道三类，见附录C.1日常巡查费用指标表；地区调整系数见表4，路面宽度调整系数见表5，物价调整系数见表9。

4.2.2 日常保养费是指对农村公路及其附属设施经常进行清洁、整理等维护保养的作业而产生的费用。

道路日常保养包括路基、路面、涵洞、交通工程及沿线设施、公路绿化与环境保护等；桥梁日常保养包括桥梁基础、下部结构、上部结构和桥面系等。农村公路日常保养内容见表2。

表2 农村公路日常保养内容

工程部位		作业内容
道路日常保养	路基	1.清理路肩杂物，修剪草皮和修整路肩等； 2.修整坡面植物，清理坡面杂物，清理坡脚和碎落台的堆积杂物等； 3.清理疏通边沟、排水沟、截水沟、急流槽、拦水带、跌水井等，清除排水设施内的杂草、垃圾、淤泥等； 4.清理沉降缝和伸缩缝内的杂物，疏通泄水孔，清理防护及支挡结构物顶部的杂物、碎石等
	路面	采用人工或路面清扫车定期对全线路面的积土、积沙、泥污、积雪、积冰及其他污染物进行清扫，保持路面整洁等
	涵洞	清洁涵洞洞口的杂物，清除洞内的堆积物、淤积物、漂浮物等
	交通工程及沿线设施	交通标志的清洁、紧固及遮挡物的清理，护栏、警示墩(桩)的清洁，减速设施的紧固，里程碑、百米桩、界碑等设施的清洁，防眩板的清洁、紧固，限高限宽设施的清洁以及沿线设施的清扫等
	公路绿化与环境保护	行道树的刷白，绿化植物的浇水、修剪、施肥和虫害防治，以及环境保护设施的清扫等
桥梁日常保养	桥梁	清洁桥面，疏通泄水孔，清理伸缩缝杂物，清理桥下堆积物及垃圾等

日常保养费按下列公式计算：

日常保养费 = ∑(道路数量×道路费用指标 + 桥梁数量×桥梁费用指标)×地区调整系数×
路面宽度调整系数×交通量调整系数×风沙调整系数×物价调整系数 　(2)

注：日常保养费用指标分为县道、乡道、村道三类，见附录C.2日常保养费用指标表；地区调整系数见表4，路面宽度调整系数见表5，交通量调整系数见表6，风沙调整系数见表8，物价调整系数见表9。

4.2.3 日常巡查费和日常保养费可合并计算，统筹使用。

4.2.4 小修费是指对农村公路及其所属设施的轻微损坏进行修补而产生的费用。农村公路小修内容见表3。

表3 农村公路小修内容

工程部位		作业内容
道路日常保养	路基	1.路肩小修包括调整横坡，处治缺口、坑洞、沉陷、隆起等病害； 2.边坡小修包括清理零星塌方，填补坡面冲沟，处理坡脚冲刷、缺损等； 3.排水设施小修包括维修边沟的沟壁损坏、沟底冲刷、铺砌缺损、盖板断裂等； 4.防护及支挡结构小修包括修复表面破损、基础冲刷、勾缝、抹面等
	路面	1.沥青路面小修包括处治路面的裂缝、坑槽、车辙、沉陷、波浪、拥包、翻浆和泛油等病害； 2.水泥混凝土路面小修包括处治路面的接缝料损坏、裂缝、坑洞、板角破碎、拱起等病害； 3.砂石路面小修包括修复路面车辙、坑槽、松散等病害，维护保护层、磨耗层等

表 3 农村公路小修内容（续）

工程部位		作业内容
道路日常保养	涵洞	涵洞小修包括修补涵底铺砌、洞口上下游路基护坡、进水口沉沙井、出水口跌水构造等
	交通工程及沿线设施	交通安全设施小修包括交通标线的局部修复维护，护栏、警示墩（桩）刷漆，里程碑、百米桩描字，交通安全设施遮挡处理等
	公路绿化与环境保护	公路绿化及环境保护小修包括植物的补植、更换以及环境保护设施的局部修复、维护等
桥梁日常保养	桥梁	桥梁小修包括处治桥面裂缝、坑槽等病害，修理伸缩缝、泄水孔，修补栏杆、人行道、灯柱等，修复墩台基础、锥坡、翼墙等砌石圬工的松动和破损等

小修费计算方法分为小修费用指标计算和小修清单计价两种方式，编制预算时可根据实际情况选取其中一种方式。当选取其中一种方式，则不得再选取另一种方式重复计算。

4.2.4.1 小修费用指标方式计算

道路小修包括路基、路面、涵洞、交通工程及沿线设施、公路绿化与环境保护等；桥梁小修包括桥梁基础、下部结构、上部结构和桥面系等。

小修费按下列公式计算：

$$小修费 = \Sigma(道路数量 \times 道路费用指标 + 桥梁数量 \times 桥梁费用指标) \times 地区调整系数 \times 路面宽度调整系数 \times 交通量调整系数 \times 路龄调整系数 \times 风沙调整系数 \times 物价调整系数 \tag{3}$$

注：小修费用指标分为县道、乡道、村道三类，见附录C.3小修费用指标表；地区调整系数见表4、路面宽度调整系数见表5、交通量调整系数见表6、路龄调整系数见表7、风沙调整系数见表8、物价调整系数见表9。

4.2.4.2 小修费清单方式计价

小修清单计价应按本文件附录A中07表的序列及内容编制。当实际出现的工程项目与本文件附录A中07表的内容不完全相符时，可按表格顺序以实际出现的级别依次排列增加。小修工程量清单的项目编号、项目名称、计量单位和计价工程内容等应参考本文件附录B进行编制。

小修费按下列公式计算：

$$小修费 = \Sigma 分项工程量 \times 分项综合指导价 \times 地区调整系数 \times 风沙调整系数 \times 物价调整系数 \tag{4}$$

注：小修费综合指导价，见附录C.7小修工程量清单综合指导价表；地区调整系数见表4、风沙调整系数见表8、物价调整系数见表9。

4.2.5 费用指标和综合指导价是基于通常状态下完成农村公路养护作业的综合平均费用标准，当地区、路面宽度、交通量、路龄、风沙、物价等因素发生改变时，则需要采用相应的调整系数对该费用标准做出调整、修正。地区调整系数见表4，路面宽度调整系数见表5，交通量调整系数见表6，路龄调整系数见表7，风沙调整系数见表8，物价调整系数见表9。

表 4 地区调整系数表

地区类型	地区调整系数	适 用 地 区
山区	1.138	吴忠市（红寺堡区、同心县、盐池县），固原市（原州区、西吉县、隆德县、泾源县、彭阳县），中卫市（海原县）
川区	1	银川市（兴庆区、金凤区、西夏区、永宁县、贺兰县、灵武市），石嘴山市（大武口区、惠农区、平罗县），吴忠市（利通区、青铜峡市），中卫市（沙坡头区、中宁县）

注：当一条路同时穿过两个区时，按路线长度经过不同的地区加权计算项目的地区调整系数。

表 5 路面宽度调整系数表

路面宽度 L (m)	路面宽度调整系数 县道	路面宽度调整系数 乡道	路面宽度调整系数 村道	备 注
15 < L	1.12	1.13	1.83	
12 < L ≤ 15	1.10	1.11	1.75	
9 < L ≤ 12	1.08	1.09	1.30	
7 < L ≤ 9	1.05	1.06	1.14	
7 = L	1	1.04	1.10	
5 < L < 7	0.95	1.02	1.06	
L ≤ 5	—	1	1	

表 6 交通量调整系数表

年平均日交通量 (pcu/d)	交通量调整系数 县道	交通量调整系数 乡道	交通量调整系数 村道	备 注
30000 以上	1.21	1.31	1.90	
26000～30000	1.18	1.28	1.88	
22000～26000	1.15	1.25	1.81	
18000～22000	1.12	1.21	1.77	
15000～18000	1.07	1.13	1.65	
10000～15000	1.05	1.11	1.59	
7500～10000	1.00	1.06	1.51	
5000～7500	0.94	1.00	1.21	
2000～5000	0.85	0.91	1.05	
1000～2000	0.72	0.90	1.02	
400～1000	0.54	0.89	1.00	
400 以下	0.45	0.68	0.87	

表 7 路龄调整系数表

路 龄	调整系数	路 龄	调整系数
3 年及以下(含 3 年)	0.978	9～12 年(含 12 年)	1.045
3～6 年(含 6 年)	1.000	12～15 年(含 15 年)	1.082
6～9 年(含 9 年)	1.036	15 年以上	1.111

注：农村公路某路段如实施了道路和桥梁工程改造、大修,则本路段道路工程和桥梁工程路龄当年从 1 开始重新计算。

表 8 风沙调整系数表

风沙地区	风沙调整系数	适 用 地 区
风沙一区	1.007	灵武市(宁东镇),平罗县(红崖子乡、陶乐镇、高仁乡),盐池县(高沙窝镇、花马池镇),同心县(下马关镇)
风沙二区	1.019	沙坡头区(迎水桥镇、东园镇、镇罗镇),中宁县(余丁乡)

表 9 物价调整系数表

材料名称	单位	基期价格(元)	预算单价(元)	权重	物价调整系数	备注
人工	工日	104.50		0.20		预算单价＝价格信息价
柴油	kg	6.74		0.10		
42.5级水泥	t	365.04		0.12		
HRB400钢筋	t	4244.94		0.05		
石油沥青	t	3467.26		0.22		
波形钢板	t	6376.11		0.05		
中(粗)砂	m³	80.25		0.11		预算单价＝价格信息价＋超过50km的运费
碎石(4cm)	m³	74.20		0.15		

注1：物价调整系数按本文件规定的基期价格与编制农村公路养护预算时交通主管部门发布的材料市场指导价格(不含增值税)及所占权重计算。
注2：表中价格为不含可抵扣进项税。
注3：当中(粗)砂、碎石(4cm)运距超过50km时，超过部分的运费按0.72元/(m³·km)计算，其他材料运距不做调整。

物价调整系数按下列公式计算：

$$物价调整系数 = 1 + \sum \frac{预算单价 - 基期价格}{基期价格} \times 权重系数 \tag{5}$$

4.3 信息化系统维护费

4.3.1 技术状况评定费的费用指标分为县道、乡道、村道三类。道路计划评定包括路基、路面、涵洞、交通工程及沿线设施等；桥梁计划评定包括桥梁构件、部件、桥面系、上部结构、下部结构和全桥评定。

技术状况评定费按下列公式计算：

$$技术状况评定费 = \sum (道路计划评定工程量 \times 道路费用指标 + 桥梁计划评定工程量 \times 桥梁费用指标) \times 地区调整系数 \times 物价调整系数 \tag{6}$$

注：技术状况评定费用指标分为县道、乡道、村道三类，见附录C.4技术状况评定费用指标表；地区调整系数见表4，物价调整系数见表9。

4.3.2 系统维护费是指农村公路养护管理单位用于农村公路养护管理信息系统的数据更新、日常运行和维护的费用。系统维护费的预算应依据农村公路养护管理需求进行编制，列入农村公路养护预算。

注：农村公路养护管理单位购买成品系统的费用按实际使用的每套(每个节点或端口)系统每年支出费用在系统维护费中计列。

4.4 养护机械设备购置费

4.4.1 养护机械设备购置费是农村公路养护管理单位为开展日常养护和应急养护等工作购置的构成固定资产标准的机械设备及小型机具所需费用。

4.4.2 编制预算时，应由农村公路养护管理单位编制养护机械设备购置清单，包括机械设备的名称、规格、数量、单价等。养护机械设备购置费应列入农村公路养护预算。养护机械设备购置费应以各类机械设备的数量(台、套)乘以相应的购置单价进行计算，按下列公式计算：

$$养护机械设备购置费 = \sum 机械设备类别(机械设备数量 \times 相应机械设备购置单价) \tag{7}$$

注：当农村公路日常养护采用非市场化方式，规定可按年度计划计列用于日常养护及应急养护且构成固定资产的机

械设备及小型机具购置费,价格按市场含税实际价格计入;如果实行市场化日常养护作业,则不再计列用于日常养护的机械设备购置费,只计列用于必要的应急养护作业的设备购置费。使用购置设备或租赁设备时,人员、燃油及维修等费用分别在日常养护和应急养护中计列。

4.5 养护工程费

4.5.1 预防养护和修复养护预算应按本文件相关规定进行编制。

4.5.2 应急养护费应按本地区近3年应急养护工作实际发生额度的平均值进行预留。

4.5.3 农村公路预防养护和修复养护预算费用组成如图2所示。

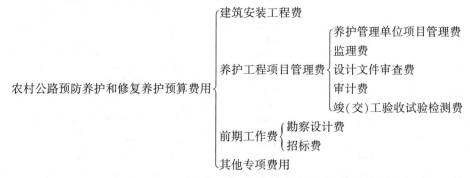

图2 农村公路预防养护和修复养护预算费用组成图

4.5.4 建筑安装工程费应按本文件附录A中09表的序列及内容编制,如果实际出现的工程项目与附录A中09表的内容不完全相符时,可按表格顺序以实际出现的级别依次排列增加。养护工程工程量清单的项目编号、项目名称、计量单位和计价工程内容以及综合指导价等内容参考本文件附录B进行编制。

养护工程建筑安装工程费按下列公式计算:

$$\text{建筑安装工程费} = \sum \text{分项工程量} \times \text{分项综合指导价} \times \text{地区调整系数} \times \text{风沙调整系数} \times \text{物价调整系数} \quad (8)$$

注:养护工程建筑安装工程费综合指导价,见附录C.8养护工程工程量清单综合指导价表;地区调整系数见表4,风沙调整系数见表8,物价调整系数见表9。

4.5.5 养护工程项目管理费包括养护管理单位项目管理费、监理费、设计文件审查费、审计费、竣(交)工验收试验检测费。养护管理单位项目管理费和监理费均为实施养护工程项目管理的费用,执行时根据养护管理单位和施工监理单位所实际承担的工作内容和工作量可统筹使用。

a) 养护管理单位项目管理费是指农村公路养护管理单位为进行养护工程项目的前期、施工、竣(交)工验收、总结等工作而发生的费用,包括办公费、会议费、差旅交通费、固定资产使用费、招标管理费、公证费、临时设施费、完工清理费、施工过程质量检测试验费、各种税费以及工程质量、安全生产管理费、保通管理费和其他管理性开支。

计算方法:养护管理单位项目管理费以养护工程建筑安装工程费为基数,按表10规定的费率,采用累进法计算,费用不足3000元按3000元计。

表10 养护管理单位项目管理费费率表

建筑安装工程费 (万元)	费率 (%)	算例(万元)	
		建筑安装工程费	养护管理单位项目管理费
20以下	2.88	20	20 × 2.88% = 0.576
20~30	2.60	30	0.576 + (30 − 20) × 2.60% = 0.836

表10 养护管理单位项目管理费费率表(续)

建筑安装工程费 (万元)	费率 (%)	算例(万元)	
		建筑安装工程费	养护管理单位项目管理费
30~50	2.42	50	0.836+(50-30)×2.42%=1.32
50~100	2.25	100	1.32+(100-50)×2.25%=2.445
100~200	2.01	200	2.445+(200-100)×2.01%=4.455
200~500	1.67	500	4.455+(500-200)×1.67%=9.465
500~1000	1.22	1000	9.465+(1000-500)×1.22%=15.565
1000~3000	0.66	3000	15.565+(3000-1000)×0.66%=28.765
3000~5000	0.45	5000	28.765+(5000-3000)×0.45%=37.765
5000~10000	0.26	10000	37.765+(10000-5000)×0.26%=50.765
10000以上	0.13	20000	50.765+(20000-10000)×0.13%=63.765

  b) 监理费是指养护管理单位委托具有监理资质的单位,按施工监理规范对养护工程项目实施进行全面的监督和管理所支付的费用。

  计算方法:监理费以养护工程建筑安装工程费为基数,按表11规定的费率,采用累进法计算,费用不足2000元按2000元计,未实行社会监理的养护工程不计取此项费用。

表11 监理费费率表

建筑安装工程费 (万元)	费率 (%)	算例(万元)	
		建筑安装工程费	监理费
20以下	3.58	20	20×3.58%=0.716
20~30	3.43	30	0.716+(30-20)×3.43%=1.059
30~50	3.26	50	1.059+(50-30)×3.26%=1.711
50~100	3.08	100	1.711+(100-50)×3.08%=3.251
100~200	2.88	200	3.251+(200-100)×2.88%=6.131
200~500	2.64	500	6.131+(500-200)×2.64%=14.051
500~1000	2.29	1000	14.051+(1000-500)×2.29%=25.501
1000~3000	2.08	3000	25.501+(3000-1000)×2.08%=67.101
3000~5000	1.90	5000	67.101+(5000-3000)×1.9%=105.101
5000~10000	1.78	10000	105.101+(10000-5000)×1.78%=194.101
10000以上	1.68	20000	194.101+(20000-10000)×1.68%=362.101

  c) 设计文件审查费是指在养护工程项目审批前,养护管理单位为保证勘察设计工作的质量和深度,组织有关专家或委托具有设计资质的单位,对设计单位提交的养护工程项目设计文件进行审查所应支付的相关费用。

  计算方法:设计文件审查费以养护工程建筑安装工程费为基数,按表12规定的费率,采用累进法计算,费用不足2000元按2000元计。

表 12 设计文件审查费费率表

建筑安装工程费(万元)	费率(%)	算例(万元)	
		建筑安装工程费	设计文件审查费
20 以下	1.500	20	$20 \times 1.5\% = 0.3$
20～30	1.020	30	$0.3 + (30 - 20) \times 1.02\% = 0.402$
30～50	0.680	50	$0.402 + (50 - 30) \times 0.68\% = 0.538$
50～100	0.440	100	$0.538 + (100 - 50) \times 0.44\% = 0.758$
100～200	0.280	200	$0.758 + (200 - 100) \times 0.28\% = 1.038$
200～500	0.105	500	$1.038 + (500 - 200) \times 0.105\% = 1.353$
500～1000	0.086	1000	$1.353 + (1000 - 500) \times 0.086\% = 1.783$
1000～3000	0.074	3000	$1.783 + (3000 - 1000) \times 0.074\% = 3.263$
3000～5000	0.065	5000	$3.263 + (5000 - 3000) \times 0.065\% = 4.563$
5000～10000	0.060	10000	$4.563 + (10000 - 5000) \times 0.06\% = 7.563$
10000 以上	0.056	20000	$7.563 + (20000 - 10000) \times 0.056\% = 13.163$

    d) 审计费是指农村公路养护管理单位委托具有审计资质的单位,对养护工程前期、实施及竣工决算等工作过程进行审计所应支付的费用。

    计算方法:审计费以养护工程建筑安装工程费为基数,按表 13 规定的费率,采用累进法计算,费用不足 2000 元按 2000 元计,不委托不计列此项费用。

表 13 审计费费率表

建筑安装工程费(万元)	费率(%)	算例(万元)	
		建筑安装工程费	审计费
20 以下	2.00	20	$20 \times 2\% = 0.4$
20～30	1.66	30	$0.4 + (30 - 20) \times 1.66\% = 0.566$
30～50	1.36	50	$0.566 + (50 - 30) \times 1.36\% = 0.838$
50～100	1.11	100	$0.838 + (100 - 50) \times 1.11\% = 1.393$
100～200	0.87	200	$1.393 + (200 - 100) \times 0.87\% = 2.263$
200～500	0.64	500	$2.263 + (500 - 200) \times 0.64\% = 4.183$
500～1000	0.42	1000	$4.183 + (1000 - 500) \times 0.42\% = 6.283$
1000～3000	0.30	3000	$6.283 + (3000 - 1000) \times 0.3\% = 12.283$
3000～5000	0.26	5000	$12.283 + (5000 - 3000) \times 0.26\% = 17.483$
5000～10000	0.24	10000	$17.483 + (10000 - 5000) \times 0.24\% = 29.483$
10000 以上	0.21	20000	$29.483 + (20000 - 10000) \times 0.21\% = 50.483$

    e) 竣(交)工验收试验检测费是指农村公路养护工程项目竣(交)工验收前,由农村公路养护管理单位或其委托单位按有关规定对预防养护和修复养护的工程质量进行试验检测并出具试验检测意见等所应支付的费用。

竣(交)工验收试验检测费按下列公式计算:

竣(交)工验收试验检测费 = ∑(道路工程量×道路费用指标 + 桥梁工程量×桥梁费用指标)×

                  地区调整系数×路面宽度调整系数×物价调整系数   (9)

注:竣(交)工验收试验检测费,见附录 C.5 道路竣(交)工验收试验检测费用指标表和附录 C.6 桥梁竣(交)工验收试验检测费表;地区调整系数见表 4,路面宽度调整系数见表 5,物价调整系数见表 9。

4.5.6 前期工作费是指农村公路养护管理单位委托设计单位、咨询单位对养护工程项目进行工程勘察、工程设计、招标等所应支付的费用。

a) 勘察设计费是指根据养护工程项目实际需求开展必要的路线测量、地质勘察、现场调查工作，以及根据养护工程设计需要，借助专用设备或方法对公路技术指标开展的检查、检测、试验、测量、调查、计算分析，并依据上述内容的成果资料进行方案设计和一阶段施工图设计所应支付的费用。

计算方法：勘察设计费以养护工程建筑安装工程费为基数，按表14规定的费率，采用累进法计算，费用不足2000元按2000元计。

表14 勘察设计费费率表

建筑安装工程费（万元）	费率（％）	算例(万元)	
		建筑安装工程费	勘察设计费
20以下	4.61	20	$20 \times 4.61\% = 0.922$
20～30	4.38	30	$0.922 + (30-20) \times 4.38\% = 1.36$
30～50	4.08	50	$1.36 + (50-30) \times 4.08\% = 2.176$
50～100	3.59	100	$2.176 + (100-50) \times 3.59\% = 3.971$
100～200	3.33	200	$3.971 + (200-100) \times 3.33\% = 7.301$
200～500	3.28	500	$7.301 + (500-200) \times 3.28\% = 17.141$
500～1000	2.95	1000	$17.141 + (1000-500) \times 2.95\% = 31.891$
1000～3000	2.66	3000	$31.891 + (3000-1000) \times 2.66\% = 85.091$
3000～5000	2.37	5000	$85.091 + (5000-3000) \times 2.37\% = 132.491$
5000～10000	2.10	10000	$132.491 + (10000-5000) \times 2.1\% = 237.491$
10000以上	1.92	20000	$237.491 + (20000-10000) \times 1.92\% = 429.491$

b) 招标费是指养护工程项目招标所应支付的费用，包括招标代理费及相应的招标文件、最高投标限价的编制、审查费用。

计算方法：招标费以养护工程建筑安装工程费为基数，按表15规定的费率，采用累进法计算，费用不足2000元按2000元计。

表15 招标费费率表

建筑安装工程费（万元）	费率（％）	算例(万元)	
		建筑安装工程费	招标费
20以下	2.50	20	$20 \times 2.5\% = 0.5$
20～30	2.15	30	$0.5 + (30-20) \times 2.15\% = 0.715$
30～50	1.81	50	$0.715 + (50-30) \times 1.81\% = 1.077$
50～100	1.60	100	$1.077 + (100-50) \times 1.6\% = 1.877$
100～200	1.45	200	$1.877 + (200-100) \times 1.45\% = 3.327$
200～500	1.31	500	$3.327 + (500-200) \times 1.31\% = 7.257$
500～1000	1.21	1000	$7.257 + (1000-500) \times 1.21\% = 13.307$
1000～3000	1.09	3000	$13.307 + (3000-1000) \times 1.09\% = 35.107$
3000～5000	0.95	5000	$35.107 + (5000-3000) \times 0.95\% = 54.107$
5000～10000	0.75	10000	$54.107 + (10000-5000) \times 0.75\% = 91.607$
10000以上	0.55	20000	$91.607 + (20000-10000) \times 0.55\% = 146.607$

4.5.7 其他专项费用是指农村公路养护管理单位按国家法律、法规及自治区有关规定需要委托有关

单位对项目进行评价(估)、咨询等所应支付的费用,如环境影响评价、水土保持评估、安全评价、地质灾害危险性评价、行洪论证(评估)、项目风险评估、社会风险评估等。该费用按公路养护管理机构规定必须进行的内容才允许计列,费用依据委托合同或参照类似工程已发生的费用进行计列。

4.6 农村公路养护预算费用计算程序及计算方式

农村公路养护预算费用计算程序及计算方式见表16。

表16 农村公路养护预算费用计算程序及计算方式

序号	工程或费用名称	备 注
一	日常养护费	(一)+(二)+(三)
(一)	日常巡查费	∑(道路数量×道路费用指标+桥梁数量×桥梁费用指标)×地区调整系数×路面宽度调整系数×物价调整系数
(二)	日常保养费	∑(道路数量×道路费用指标+桥梁数量×桥梁费用指标)×地区调整系数×路面宽度调整系数×交通量调整系数×风沙调整系数×物价调整系数
(三)	小修费	∑(道路数量×道路费用指标+桥梁数量×桥梁费用指标)×地区调整系数×路面宽度调整系数×交通量调整系数×路龄调整系数×风沙调整系数×物价调整系数或∑分项工程量×分项综合指导价×地区调整系数×风沙调整系数×物价调整系数
二	信息化系统维护费	(四)+(五)
(四)	技术状况评定费	∑(道路计划评定工程量×道路费用指标+桥梁计划评定工程量×桥梁费用指标)×地区调整系数×物价调整系数
(五)	系统维护费	根据需要进行计列
三	养护机械设备购置费	根据需要进行计列
四	养护工程费用	(六)+(七)+(八)
(六)	预防养护费	按∑分项工程量×分项综合指导价×地区调整系数×风沙调整系数×物价调整系数计算建筑安装工程费;以建筑安装工程费为基数计算养护管理单位的项目管理费、监理费、设计文件审查费、审计费、前期工作费;按∑(道路工程量×道路费用指标+桥梁工程量×桥梁费用指标)×地区调整系数×路面宽度调整系数×物价调整系数计算竣(交)工验收试验检测费;其他专项费用按发生的内容计列。建筑安装工程费与养护管理单位的项目管理费、监理费、设计文件审查费、审计费、前期工作费、竣(交)工验收试验检测费、其他专项费用之和为预防养护费与修复养护费的养护工程费用
(七)	修复养护费	
(八)	应急养护费	按本地区前3年应急养护工作实际发生额度的平均值进行预留
五	农村公路养护预算总费用	一+二+三+四

附 录 A
（规范性）
农村公路养护预算文件编制格式

A.1 封面样式

××农村公路养护预算

第 册 共 册

编　　制：(签字)
复　　核：(签字)
编制单位：(盖章)
编制时间：　年　月　日

A.2 目录格式

目 录

1　编制说明
2　农村公路养护预算总费用汇总表(01 表)
3　农村公路养护预算费用汇总表(02 表)
4　日常养护费计算表(03 表)
5　信息化系统维护费计算表(04 表)
6　养护机械设备购置费用表(05 表)
7　小修费汇总表(06 表)
8　小修工程量清单(07 表)
9　养护工程费汇总表(08 表)
10　养护工程工程量清单(09 表)

A.3 报表格式

编 制 说 明

一、概况
二、编制范围
三、费用计算
  （一）日常养护费
  （二）信息化系统维护费
  （三）养护机械设备购置费
  （四）养护工程费
四、养护预算费用编制结果

表 A.1 农村公路养护预算总费用汇总表

单位名称：　　　　　　　　　　　　　　　　　　　　　　　　　　　　(单位:元) 01 表

行政等级	费用类别												农村公路养护预算总费用
	日常养护费				信息化系统维护费			养护机械设备购置费	养护工程费				
	日常巡查费	日常保养费	小修费	合计	技术状况评定费	系统维护费	合计		预防养护费	修复养护费	应急养护费	合计	
县道													
乡道													
村道													
合计													

编制：　　　　　　　　　　复核：　　　　　　　　　　日期：

表 A.2 农村公路养护预算费用汇总表

单位名称：　　　　　　　　　　　　　　行政等级：　　　　　　　　　　02 表

序号	工程或费用名称	数 量	金额(元)
一	日常养护费		
（一）	日常巡查费		
（二）	日常保养费		
（三）	小修费		
二	信息化系统维护费		
（四）	技术状况评定费		
（五）	系统维护费		
三	养护机械设备购置费		
四	养护工程费		
（六）	预防养护费		
（七）	修复养护费		
（八）	应急养护费		
五	农村公路养护预算总费用		

编制：　　　　　　　　　　复核：　　　　　　　　　　日期：

表 A.3 日常养护费计算表

单位名称：　　　　　　　　　　　　　　行政等级：　　　　　　　　　　03 表

费用	类 别						合计(元)
	道路			桥梁			
	指标值 [元/(km·年)]	数量 (km)	金额 (元)	指标值 [元/(延米·年)]	数量 (延米)	金额 (元)	
日常巡查费							
日常保养费							
小修费							
合计(元)							

编制：　　　　　　　　　　复核：　　　　　　　　　　日期：

注：小修费按清单计算的仅填合计数。

表 A.4 信息化系统维护费计算表

单位名称：　　　　　　　　　　　　　　　　行政等级：　　　　　　　　　　　　04 表

费用	类　别						合计 (元)
	道路			桥梁			
	指标值 [元/(km·年)]	数量 (km)	金额 (元)	指标值 [元/(延米·年)]	数量 (延米)	金额 (元)	
技术状况评定费							
系统维护费 (元)							
合计(元)							

编制：　　　　　　　　　　　复核：　　　　　　　　　　　日期：

表 A.5 养护机械设备购置费用表

单位名称：　　　　　　　　　　　　　　　　行政等级：　　　　　　　　　　　　05 表

序号	设备名称	规格	数量	单价	总价	备注
1						
2						
3						
4						
5						
6						
…						
合计(元)						

编制：　　　　　　　　　　　复核：　　　　　　　　　　　日期：

表 A.6 小 修 费 汇 总 表

单位名称：　　　　　　　　　　　　　　　　行政等级：　　　　　　　　　　　　06 表

费用类别	1	2	3	…	合计 (元)
	××项目	××项目	××项目	……	
第100章　总则					
第200章　路基					
第300章　路面					
第400章　桥梁、涵洞					
第500章　隧道					
第600章　交通工程及沿线设施					
第700章　公路绿化与环境保护					
第800章　公路沿线管理用房设施和服务设施					
第900章　机电					
合计(元)					

合计：_____元

编制：　　　　　　　　　　　复核：　　　　　　　　　　　日期：

表 A.7 小修工程量清单

项目名称：　　　　　　　　　　　　　　　　　　　　　　　　　　　　　　　　　07 表

项目编码	项目名称	计量单位	工程量	综合单价（元）	合计（元）	备注
清单　第 100 章　总则						
NXX01100	通则					
NXX01100001	保险费					
NXX011000010001	按合同条款规定,提供建筑工程一切险	总额				
NXX011000010002	按合同条款规定,提供第三方责任险	总额				
NXX01110	工程管理					
NXX01110001	施工环保费	总额				
NXX01110002	养护保通费	总额				
NXX01110003	安全生产费	总额				
NXX01110004	竣工文件编制费	总额				
NXX01130	承包人驻地建设	总额				
第 100 章合计　人民币＿＿＿＿＿元						
清单　第 200 章　路基						
NXX02100	清理					
NXX02100001	清理零星塌方	m³				
NXX02110	维修					
NXX02110002	边沟、排水沟、截水沟、急流槽维修	m				
NXX02110003	边沟盖板维修、更换					
NXX021100030001	维修	块				
NXX021100030002	更换	块				
NXX021100030003	维修	m³				
NXX021100030004	更换	m³				
NXX02110004	挡土墙维修					
NXX021100040001	M7.5 浆砌片石	m³				
NXX021100040002	C20 混凝土	m³				
NXX021100040003	C25 混凝土	m³				
NXX021100040004	C30 混凝土	m³				
NXX021100040005	勾缝	m²				
NXX021100040006	抹面	m²				
NXX02110005	边坡整理	m²				
NXX02110006	土路肩修整	m²				
NXX02110008	拦水带维修	m				
第 200 章合计　人民币＿＿＿＿＿元						

表 A.7 小修工程量清单(续)

项目编码	项目名称	计量单位	工程量	综合单价（元）	合计（元）	备注
清单　第300章　路面						
NXX03100	除雪、撒防滑料					
NXX03100001	除雪、除冰	m²				
NXX03100002	防滑材料					
NXX031000020001	储备防滑材料(砂)	m³				
NXX031000020002	撒防滑材料(砂)	m²				
NXX031000020003	储备融雪材料(融雪剂)	t				
NXX031000020004	撒融雪材料(融雪剂)	m²				
NXX031000020005	储备融雪材料(融雪盐)	t				
NXX031000020006	撒融雪材料(融雪盐)	m²				
NXX03100003	除雪、除冰	m³				
NXX03110	水泥混凝土路面维修					
NXX03110001	破板修复					
NXX031100010001	破板凿除	m²				
NXX031100010002	水泥混凝土修复(普通混凝土)	m²				
NXX031100010003	沥青混凝土加铺	m²				
NXX031100010004	水泥混凝土修复(快凝混凝土)	m³				
NXX03110002	水泥混凝土路面板底					
NXX031100020001	灌(注)浆	m³				
NXX031100020002	素混凝土填充	m³				
NXX03110003	填缝料更换	m				
NXX03110004	裂缝灌缝	m				
NXX03110005	错台处治	m				
NXX03110006	机械刻槽	m²				
NXX03110007	边角剥落修复	m				
NXX03120	沥青混凝土路面维修					
NXX03120001	纵横向裂缝维修					
NXX031200010001	灌缝胶(不刻槽、裂缝宽度6mm及以内)	m				
NXX031200010002	灌缝胶(刻槽、裂缝宽度6mm以上)	m				
NXX031200010003	贴缝带(裂缝宽度6mm及以内)	m				
NXX031200010004	贴缝带(裂缝宽度6mm以上)	m				
NXX031200010005	普通沥青(裂缝宽度6mm及以内)	m				

表 A.7 小修工程量清单(续)

项目编码	项目名称	计量单位	工程量	综合单价（元）	合计（元）	备注
清单 第300章 路面						
NXX03120002	块状裂缝、龟裂维修	m²				
NXX03120003	沉陷、坑槽、车辙、翻浆处理	m²				
NXX03120004	波浪、松散、拥包、泛油处理	m²				
NXX03130	其他路面维修及路面结构物接顺处理					
NXX03130001	泥结集料类路面维修	m²				
NXX03130002	砂石路面维修	m²				
NXX03130004	稳定基层维修	m³				
NXX03130005	路面结构物接顺处理	m²				
NXX03130006	砖铺路面维修	m²				
NXX03140	缘石、侧石、平石维修					
NXX03140001	刷白	m				
NXX03140002	维修	m				
NXX03140003	更换	m				
第300章合计 人民币_____元						
清单 第400章 桥梁、涵洞						
NXX04100	桥面系维修					
NXX04100001	桥面铺装修复					
NXX041000010001	水泥混凝土桥面	m²				
NXX041000010002	沥青混凝土桥面	m²				
NXX041000010003	防水层	m²				
NXX04100002	排水系统修复					
NXX041000020001	泄水管(铸铁)	套				
NXX041000020002	排水槽	m				
NXX04100003	人行道、护栏修补	m				
NXX04100004	桥上灯柱维护	个				
NXX04100005	伸缩装置维护	m				
NXX04100006	护栏刷漆	m				
NXX04100007	支座维修	个				
NXX04100008	伸缩缝止水胶条更换	m				
NXX04100009	支座更换	个				
NXX04110	桥梁下部结构维修					
NXX04110001	墩台及基础					
NXX041100010001	混凝土浇筑修补	m³				

表 A.7 小修工程量清单(续)

项目编码	项目名称	计量单位	工程量	综合单价（元）	合计（元）	备注
清单 第400章 桥梁、涵洞							
NXX041100010002	砖砌修补	m³				
NXX041100010003	浆砌修补	m³				
NXX04110002	锥坡、翼墙维修					
NXX041100020001	混凝土浇筑修补	m³				
NXX041100020002	砖砌修补	m³				
NXX041100020003	浆砌修补	m³				
NXX04110003	抛石护基	m³				
NXX04120	涵洞维修					
NXX04120001	混凝土局部维修	m³				
NXX04120002	浆砌片石修补	m³				
第400章合计 人民币_____元							
清单 第500章 隧道							
……	……	……				
第500章合计 人民币_____元							
清单 第600章 交通工程及沿线设施							
NXX06100	交通安全设施维护					
NXX06100001	道路交通标志维护					
NXX061000010001	单柱式交通标志维护	块				
NXX061000010002	双柱式交通标志维护	块				
NXX061000010003	门架式交通标志维护	块				
NXX061000010004	单悬臂式交通标志维护	块				
NXX061000010005	双悬臂式交通标志维护	块				
NXX061000010006	附着式交通标志维护	块				
NXX06110	护栏维修					
NXX06110001	波形护栏局部更换					
NXX061100010001	维修	m				
NXX061100010002	局部更换	m				
NXX061100010003	更换立柱	根				
NXX061100010004	更换端头	个				
NXX06110002	缆索护栏维修及局部更换					
NXX061100020001	维修	m				
NXX061100020002	局部更换	m				
NXX06110003	活动护栏局部更换	m				

表 A.7 小修工程量清单(续)

项目编码	项目名称	计量单位	工程量	综合单价（元）	合计（元）	备注
清单 第600章 交通工程及沿线设施						
NXX06110004	墙式护栏或警示墩局部更换					
NXX061100040001	连续式墙式护栏局部更换	m				
NXX061100040002	间断式警示墩局部更换	m				
NXX06120	护栏及警示墩油漆					
NXX06120001	混凝土护栏面油漆	m				
NXX06120002	钢护栏面油漆	m				
NXX06120003	砌体面油漆	m				
NXX06130	隔离栅及护网维修	m				
NXX06140	道路交通标志维修					
NXX06140001	里程碑、百米桩、界碑更换					
NXX061400010001	里程碑更换	块				
NXX061400010002	百米桩更换	块				
NXX061400010003	界碑更换	块				
NXX061400010004	里程碑刷漆、喷字	块				
NXX061400010005	百米桩刷漆	块				
NXX061400010006	里程碑刷涂料、喷字	块				
NXX061400010007	百米桩刷涂料	块				
NXX06140002	隔离墩维修					
NXX061400020001	更换	处				
NXX061400020002	油漆	处				
NXX06140003	警示桩维修					
NXX061400030001	更换	根				
NXX061400030002	油漆	根				
NXX06150	道路交通标线局部修复					
NXX06150001	旧标线清除	m²				
NXX06150002	热熔型涂料路面标线局部修复	m²				
NXX06150003	溶剂加热涂料路面标线局部修复	m²				
NXX06150004	冷漆路面标线局部修复	m²				
NXX06150005	突起路标更换	个				
NXX06150006	轮廓标更换	个				
NXX06160	防眩设施维修					
NXX06160001	防眩板更换	块				
NXX06160002	防眩网更换	m				
第600章合计 人民币_____元						

表 A.7 小修工程量清单（续）

项目编码	项目名称	计量单位	工程量	综合单价（元）	合计（元）	备注
清单 第700章 公路绿化与环境保护							
NXX07100	绿化补植					
NXX07100001	乔木补植	棵				
NXX07100002	灌木补植	棵				
NXX07100003	草皮补植	m²				
NXX07100004	草籽补播	m²				
第700章合计 人民币_____元						
清单 第800章 公路沿线管理用房设施和服务设施						
……	……	……				
第800章合计 人民币_____元						
清单 第900章 机电						
……	……	……				
第900章合计 人民币_____元						
总费用_____元						

编制：　　　　　　　　　　　复核：　　　　　　　　　　日期：

注：如需增加工程细目，请与本文件主编单位联系。

表 A.8 养护工程费汇总表

单位名称：　　　　　　　　　　　　　行政等级：　　　　　　　　08 表

	费用类别		1	2	3	…	合计(元)
			××项目	××项目	××项目	……	
	一、预防养护费						
1	建筑安装工程费	第100章　总则					
		第200章　路基					
		第300章　路面					
		第400章　桥梁、涵洞					
		第500章　隧道					
		第600章　交通工程及沿线设施					
		第700章　公路绿化与环境保护					
		第800章　公路沿线管理用房设施和服务设施					
		第900章　机电					
		小计					
2	养护工程项目管理费						
3	前期工作费						
4	其他专项费用						

表 A.8 养护工程费汇总表(续)

费用类别			1 ××项目	2 ××项目	3 ××项目	… ……	合计(元)
二、修复养护费							
1	建筑安装工程费	第100章 总则					
		第200章 路基					
		第300章 路面					
		第400章 桥梁、涵洞					
		第500章 隧道					
		第600章 交通工程及沿线设施					
		第700章 公路绿化与环境保护					
		第800章 公路沿线管理用房设施和服务设施					
		第900章 机电					
		小计					
2	养护工程项目管理费						
3	前期工作费						
4	其他专项费用						
三、应急养护费							
合计(元)							

编制： 复核： 日期：

表 A.9 养护工程工程量清单(带★的主要为预防养护项目)

项目名称： 09表

项 目 编 号	项 目 名 称	计量单位	工程量	综合单价(元)	合计(元)	备注
清单 第100章 总则						
NYH01100	通则					
NYH01100001	保险费					
NYH011000010001	按合同条款规定,提供建筑工程一切险	总额				
NYH011000010002	按合同条款规定,提供第三方责任险	总额				
NYH01110	工程管理					
NYH01110001	施工环保费	总额				
NYH01110002	养护保通费	总额				
NYH01110003	安全生产费	总额				
NYH01110004	竣工文件编制费	总额				
NYH01120	临时工程					

表 A.9 养护工程工程量清单(带★的主要为预防养护项目)(续)

项目编号	项目名称	计量单位	工程量	综合单价（元）	合计（元）	备注
清单 第100章 总则						
NYH01120001	临时便道	m				
NYH01120002	临时便桥	m				
NYH01120003	临时工程用地	亩				
NYH01130	承包人驻地建设	总额				
……	……	……				
第100章合计 人民币_____元						
清单 第200章 路基						
NYH02100	场地清理及拆除					
NYH02100001	场地清理					
NYH021000010001	清理现场	m²				
NYH021000010002	砍树挖根	棵				
NYH02110	拆除结构物					
NYH02110001	拆除砖砌体结构	m³				
NYH02110002	拆除干砌片(块)石结构	m³				
NYH02110003	拆除浆砌片(块)石结构	m³				
NYH02110004	拆除混凝土结构	m³				
NYH02110005	拆除钢筋混凝土结构	m³				
NYH02120	局部维修挖方					
NYH02120001	挖土方	m³				
NYH02120002	挖石方	m³				
NYH02120003	挖淤泥	m³				
NYH02130	局部维修填方					
NYH02130001	利用方填筑	m³				
NYH02130002	借方填筑	m³				
NYH02130003	结构物台背回填	m³				
NYH02130004	路基换填					
NYH021300040001	换填土	m³				
NYH021300040002	换填砂砾类土	m³				
NYH02140	路基处治					
NYH02140001	路基翻浆处治					
NYH021400010001	设置透水隔离层	m³				
NYH021400010002	增设盲沟	m				
NYH02140002	路基注浆处治	m³				
NYH02140003	路基翻压	m³				
NYH02150	排水设施修复或完善					

表 A.9 养护工程工程量清单(带★的主要为预防养护项目)(续)

项目编号	项目名称	计量单位	工程量	综合单价(元)	合计(元)	备注
清单 第200章 路基						
NYH02150001	边沟	m				
NYH02150002	排水沟	m				
NYH02150003	截水沟	m				★
NYH02150004	急流槽	m				★
NYH02150005	盲(渗)沟	m				★
NYH02150006	拦水带	m				★
NYH02150007	跌水井	个				★
NYH02150008	边沟					
NYH021500080001	M7.5 浆砌片石	m³				
NYH021500080002	M10 浆砌片石	m³				
NYH021500080003	C25 现浇混凝土	m³				
NYH02150009	排水沟					
NYH021500090001	M7.5 浆砌片石	m³				
NYH021500090002	M10 浆砌片石	m³				
NYH021500090003	C25 现浇混凝土	m³				
NYH02150010	截水沟					★
NYH021500100001	M7.5 浆砌片石	m³				★
NYH021500100002	M10 浆砌片石	m³				★
NYH021500100003	C25 现浇混凝土	m³				★
NYH021500100004	C25 混凝土预制块	m³				★
NYH02150011	急流槽					★
NYH021500110001	M7.5 浆砌片石	m³				★
NYH021500110002	M10 浆砌片石	m³				★
NYH021500110003	C25 现浇混凝土	m³				★
NYH021500110004	钢板急流槽	kg				★
NYH021500110005	钢板急流槽(0.4m×0.4m)	m				★
NYH021500110006	钢板急流槽(0.6m×0.6m)	m				★
NYH02150012	预制安装混凝土盖板	m³				
NYH02150013	蒸发池					
NYH021500130001	M7.5 浆砌片石	m³				
NYH021500130002	M10 浆砌片石	m³				
NYH021500130003	C25 现浇混凝土	m³				
NYH02160	**防护工程修复或完善**					
NYH02160001	塌方、滑坡、风化碎石清理	m³				
NYH02160002	削坡	m³				

表 A.9 养护工程工程量清单(带★的主要为预防养护项目)(续)

项目编号	项目名称	计量单位	工程量	综合单价(元)	合计(元)	备注
清单 第200章 路基							
NYH02160003	生态植被护坡修复或完善					★
NYH021600030001	铺(植)草皮	m²				★
NYH021600030002	播植(喷播)草灌	m²				★
NYH021600030003	客土喷播草灌	m²				★
NYH021600030004	TBS生态植被	m²				★
NYH021600030005	土工格室植草灌	m²				★
NYH021600030006	植生袋植草灌	m²				★
NYH02160004	浆砌片石护坡修复或完善					★
NYH021600040001	骨架护坡	m²				★
NYH021600040002	满砌护坡	m²				★
NYH021600040003	M7.5浆砌片石满砌护坡	m³				★
NYH021600040004	M10浆砌片石满砌护坡	m³				★
NYH02160005	混凝土护坡修复或完善					★
NYH021600050001	预制块骨架护坡	m²				★
NYH021600050002	预制块满砌护坡	m²				★
NYH021600050003	现浇混凝土骨架护坡	m²				★
NYH021600050004	锚杆框架护坡	m²				★
NYH02160006	挂网喷浆防护边坡修复或完善					★
NYH021600060001	喷浆防护边坡(厚50mm)	m²				★
NYH021600060002	每增加或减少10mm	m²				★
NYH021600060003	铁丝网	m²				★
NYH021600060004	土工格栅	m²				★
NYH021600060005	锚杆	m				★
NYH02160007	挂网锚喷混凝土防护边坡(全坡面)修复或完善					★
NYH021600070001	喷射混凝土防护边坡(厚50mm)	m²				★
NYH021600070002	每增加或减少10mm	m²				★
NYH021600070003	钢筋网	m²				★
NYH021600070004	铁丝网	m²				★
NYH021600070005	土工格栅	m²				★
NYH021600070006	锚杆	m				★
NYH02160008	坡面防护修复或完善					★
NYH021600080001	喷射混凝土(厚50mm)	m²				★
NYH021600080002	每增加或减少10mm	m²				★
NYH021600080003	喷射水泥砂浆(厚50mm)	m²				★

表 A.9 养护工程工程量清单(带★的主要为预防养护项目)(续)

项目编号	项目名称	计量单位	工程量	综合单价(元)	合计(元)	备注
清单 第200章 路基							
NYH021600080004	每增加或减少10mm	m²				★
NYH02160009	预应力锚索(杆)边坡加固					
NYH021600090001	预应力锚索	m				
NYH021600090002	锚杆	m				
NYH021600090003	混凝土锚固板(墩)	m³				
NYH021600090004	注浆	m³				
NYH02160010	护面墙修复或完善					
NYH021600100001	浆砌片(块)石护面墙	m³				
NYH021600100002	混凝土护面墙	m³				
NYH021600100003	钢筋混凝土护面墙	m³				
NYH021600100004	条(料)石镶面	m²				
NYH02160011	挡土墙修复或完善					
NYH021600110001	干砌片(块)石挡土墙	m³				
NYH021600110002	浆砌片(块)石挡土墙	m³				
NYH021600110003	片石混凝土挡土墙	m³				
NYH021600110004	混凝土挡土墙	m³				
NYH021600110005	钢筋混凝土挡土墙	m³				
NYH021600110006	条(料)石镶面	m²				
NYH021600110007	挡土墙混凝土基础	m³				
NYH021600110008	挡土墙灌注桩基础	m				
NYH021600110009	锚固挡土墙	m				
NYH021600110010	套墙加固	m³				
NYH021600110011	增建支撑墙加固	m³				
NYH021600110012	喷涂水泥砂浆保护层	m²				
NYH02160012	锚杆挡土墙修复或完善					
NYH021600120001	混凝土立柱	m³				
NYH021600120002	混凝土挡板	m³				
NYH021600120003	钢筋	m				
NYH021600120004	锚杆	m				
NYH02160013	加筋土挡土墙修复或完善					
NYH021600130001	浆砌片(块)石基础	m³				
NYH021600130002	混凝土基础	m³				
NYH021600130003	混凝土帽石	m³				
NYH021600130004	混凝土墙面板	m³				
NYH02160014	河道防护修复或完善					

表A.9 养护工程工程量清单(带★的主要为预防养护项目)(续)

项目编号	项目名称	计量单位	工程量	综合单价（元）	合计（元）	备注
清单 第200章 路基							
NYH021600140001	浆砌片(块)石河床铺砌	m³				
NYH021600140002	浆砌片石顺坝	m³				
NYH021600140003	浆砌片石丁坝	m³				
NYH021600140004	浆砌片石调水坝	m³				
NYH021600140005	浆砌片石导流堤	m³				
NYH021600140006	浆砌片石锥(护)坡	m³				
NYH021600140007	干砌片(块)石	m³				
NYH021600140008	混凝土护岸	m³				
NYH021600140009	钢筋混凝土护岸	m³				
NYH02160015	混凝土封顶修复或完善	m³				
NYH02160016	抛石处理					
NYH021600160001	抛片(块)石	m³				
NYH021600160002	石笼抛石	m³				
NYH02160017	整修边坡					
NYH021600170001	土方加固	m³				
NYH021600170002	砂袋防护	m³				
NYH02170	路肩修复或完善					
NYH02170001	土路肩	m³				
NYH02170002	硬路肩	m³				
NYH02170003	砂砾路肩	m³				
NYH02170004	土路肩	m²				
……	……	……				
第200章合计 人民币_____元							
清单 第300章 路面							
NYH03100	挖除、铣刨、破碎旧路面					
NYH03100001	水泥混凝土路面					
NYH031000010001	水泥路面多锤头碎石化	m²				
NYH031000010002	水泥路面多镐头碎石化	m²				
NYH031000010003	水泥路面共振碎石化	m²				
NYH031000010004	挖除	m³				
NYH031000010005	破板修复					
NYH0310000100050001	水泥混凝土	m²				
NYH0310000100050002	沥青混凝土加铺	m²				
NYH0310000100050003	水泥混凝土	m³				
NYH031000010006	水泥混凝土路面板底灌(注)浆	m²				★

表 A.9 养护工程工程量清单(带★的主要为预防养护项目)(续)

项目编号	项目名称	计量单位	工程量	综合单价（元）	合计（元）	备注
清单　第300章　路面						
NYH031000010007	填缝料更换	m				★
NYH031000010008	裂缝灌缝	m				★
NYH031000010009	错台处治	m				
NYH031000010010	机械刻槽	m²				
NYH031000010011	露骨处治	m²				
NYH031000010012	边角剥落修复	m				
NYH031000010013	路面拉毛	m²				
NYH03100002	沥青混凝土路面					
NYH031000020001	铣刨	m³				
NYH031000020002	挖除	m³				
NYH031000020003	纵横向裂缝维修					
NYH0310000200030001	灌缝胶(不刻槽、裂缝宽度6mm及以内)	m				
NYH0310000200030002	灌缝胶(刻槽、裂缝宽度6mm以上)	m				
NYH0310000200030003	贴缝带(裂缝宽度6mm及以内)	m				
NYH0310000200030004	贴缝带(裂缝宽度6mm以上)	m				
NYH0310000200030005	普通沥青(裂缝宽度6mm及以内)	m				
NYH031000020004	块状裂缝、龟裂维修	m				
NYH03100004	挖除泥结碎(砾)石路面	m³				
NYH03100005	挖除基层	m³				
NYH03100006	挖除底基层	m³				
NYH03100007	挖除旧路肩					
NYH031000070001	土路肩	m³				
NYH031000070002	水泥混凝土硬路肩	m³				
NYH031000070003	沥青混凝土硬路肩	m³				
NYH03100008	路缘石、侧(平)石拆除	m³				
NYH03110	**裂缝类病害处治**					
NYH03110001	龟裂处治	m²				
NYH03110002	不规则裂缝处治	m²				
NYH03110003	纵横向裂缝处治(裂缝宽度5mm以上)	m²				
NYH03120	**松散类病害处治**					
NYH03120001	坑槽修补					

表 A.9 养护工程工程量清单(带★的主要为预防养护项目)(续)

项目编号	项目名称	计量单位	工程量	综合单价(元)	合计(元)	备注
清单 第300章 路面							
NYH031200010001	厚40mm	m²				
NYH031200010002	每增加或减少10mm	m²				
NYH03120002	松散处治	m²				
NYH03120003	麻面处治	m²				
NYH03120004	脱皮处治	m²				
NYH03120005	啃边处治	m²				
NYH03130	变形类病害处治					
NYH03130001	沉陷处治	m²				
NYH03130002	车辙处治	m²				
NYH03130003	波浪处治	m²				
NYH03130004	搓板处治	m²				
NYH03130005	拥包处治	m²				
NYH03140	其他类病害处治					
NYH03140001	泛油处治	m²				
NYH03140002	磨光处治	m²				
NYH03140003	翻浆处治	m²				
NYH03140004	胀起处治	m²				
NYH03140005	结构物接顺及其他路面维修					
NYH031400050001	砂石路面维修	m²				
DNYH031400050003	稳定基层维修	m³				
NYH031400050004	结构物接顺处理	m²				
NYH03140006	缘石、侧石、平石维修					
NYH031400060001	刷白	m				
NYH031400060002	维修与更换	m				
NYH031400060003	刷白	m²				
NYH031400060004	维修与更换	m³				
NYH03150	调平层(垫层)修复或加铺					
NYH03150001	碎石调平层	m³				
NYH03150002	砂砾调平层	m³				
NYH03160	底基层(垫层)修复或加铺					
NYH03160001	级配碎(砾)石底基层					
NYH031600010001	厚200mm	m²				
NYH031600010002	每增加或减少10mm	m²				
NYH03160002	水泥稳定碎石底基层					
NYH031600020001	厚200mm	m²				

DB64/T 1826—2022

表 A.9 养护工程工程量清单(带★的主要为预防养护项目)(续)

项目编号	项目名称	计量单位	工程量	综合单价（元）	合计（元）	备注
清单 第300章 路面						
NYH031600020002	每增加或减少10mm	m²				
NHY03160003	级配砂砾底基层					
NHY031600030001	厚200mm	m²				
NHY031600030002	每增加或减少10mm	m²				
NYH03170	**基层修复或加铺**					
NYH03170001	水泥稳定碎(砾)石基层					
NYH031700010001	厚200mm	m²				
NYH031700010002	每增加或减少10mm	m²				
NYH03170002	石灰粉煤灰碎(砾)石基层					
NYH031700020001	厚200mm	m²				
NYH031700020002	每增加或减少10mm	m²				
NYH03170003	贫混凝土					
NYH031700030001	厚200mm	m²				
NYH031700030002	每增加或减少10mm	m²				
NYH03170004	水稳基层非开挖注浆加固	m²				
NYH03170005	沥青就地冷再生					
NYH031700050001	厚100mm	m²				
NYH031700050002	每增加或减少10mm	m²				
NYH03170006	沥青厂拌冷再生					
NYH031700060001	厚100mm	m²				
NYH031700060002	每增加或减少10mm	m²				
NYH03170007	水泥稳定土基层					
NYH031700070001	厚200mm	m²				
NYH031700070002	每增加或减少10mm	m²				
NYH03170008	水泥稳定砂砾基层					
NYH031700080001	厚200mm	m²				
NYH031700080002	每增加或减少10mm	m²				
NYH03170009	级配砂砾基层					
NYH031700090001	厚200mm	m²				
NYH031700090002	每增加或减少10mm	m²				
NYH03180	**透层、黏层和封层修复或加铺**					
NYH03180001	透层	m²				
NYH03180002	黏层	m²				
NYH03180003	封层					★
NYH031800030001	表处封层	m²				★

31

表 A.9 养护工程工程量清单(带★的主要为预防养护项目)(续)

项目编号	项目名称	计量单位	工程量	综合单价（元）	合计（元）	备注
清单 第300章 路面							
NYH031800030002	稀浆封层	m²				★
NYH031800030003	纤维封层	m²				★
NYH031800030004	SBS改性沥青碎石封层	m²				★
NYH031800030005	乳化沥青同步碎石封层	m²				★
NYH031800030006	含砂雾封层	m²				★
NYH03180004	微表处	m²				
NYH031800040001	MS-2型	m²				
NYH031800040002	MS-3型	m²				
NYH03190	沥青路面修复或加铺					
NYH03190001	细粒式沥青混凝土					
NYH031900010001	厚40mm	m²				
NYH031900010002	每增加或减少10mm	m²				
NYH03190002	中粒式沥青混凝土					
NYH031900020001	厚50mm	m²				
NYH031900020002	每增加或减少10mm	m²				
NYH03190003	粗粒式沥青混凝土					
NYH031900030001	厚60mm	m²				
NYH031900030002	每增加或减少10mm	m²				
NYH03190004	沥青碎石路面					
DNYH031900040001	厚60mm	m²				
NYH031900040002	每增加或减少10mm	m²				
NYH03190005	桥头加铺					
NYH031900050001	细粒式沥青混凝土	m³				
NYH031900050002	中粒式沥青混凝土	m³				
NYH03190006	超薄磨耗层					
NYH031900060001	SMC超薄磨耗层(厚18mm)	m²				
NYH03200	沥青表面处治及其他面层修复或加铺					
NYH03200001	沥青表面处治	m²				
NYH03200002	沥青贯入式路面	m²				
NYH03200003	泥结碎(砾)石	m²				
NYH03200004	级配碎(砾)石路面	m²				
NYH03210	改性沥青混凝土路面修复或加铺					
NYH03210001	细粒式改性沥青混凝土					

表 A.9 养护工程工程量清单(带★的主要为预防养护项目)(续)

项目编号	项目名称	计量单位	工程量	综合单价（元）	合计（元）	备注
清单　第300章　路面						
NYH032100010001	厚40mm	m²				
NYH032100010002	每增加或减少10mm	m²				
NYH03210002	中粒式改性沥青混凝土					
NYH032100020001	厚40mm	m²				
NYH032100020002	每增加或减少10mm	m²				
NYH03210003	SMA面层					
NYH032100030001	厚40mm	m²				
NYH032100030002	每增加或减少10mm	m²				
NYH03220	透水性沥青混凝土路面修复或加铺					
NYH03220001	细粒式透水性沥青混凝土					
NYH032200010001	厚40mm	m²				
NYH032200010002	每增加或减少10mm	m²				
NYH03220002	中粒式透水性沥青混凝土					
NYH032200020001	厚50mm	m²				
NYH032200020002	每增加或减少10mm	m²				
NYH03230	沥青混凝土再生路面					
NYH03230001	冷再生					
NYH032300010001	厚20mm	m²				
NYH032300010002	每增加或减少10mm	m²				
NYH03230002	热再生					
NYH032300020001	厚40mm	m²				
NYH032300020002	每增加或减少10mm	m²				
NYH03230003	封边	m				
NYH03240	水泥混凝土路面修复					
NYH03240001	破板修复	m²				
NYH03240002	板底灌浆	m³				
NYH03240003	接缝材料更换	m				
NYH03240004	裂缝维修	m²				
NYH03240005	错台处治	m²				
NYH03240006	刻纹	m²				
NYH03250	土工合成材料修复或完善					
NYH03250001	土工布	m²				
NYH03250002	土工格栅	m²				
NYH03250003	玻纤格栅	m²				

表 A.9 养护工程工程量清单（带★的主要为预防养护项目）（续）

项目编号	项目名称	计量单位	工程量	综合单价（元）	合计（元）	备注
清单　第300章　路面						
NYH03260	路缘石修复或完善	m				
NYH03270	混凝土预制块路缘石修复或完善	m³				
NYH03280	大理石路缘石修复或完善	m³				
NYH03290	过水路面修复或完善					
NYH03290001	C30混凝土面层	m³				
NYH03290002	钢筋	kg				
NYH03290003	M10浆砌片石路面底层	m³				
……	……	……				
第300章合计　人民币＿＿＿＿＿＿元						
清单　第400章　桥梁、涵洞						
NYH04100	桥面系修复					
NYH04100001	桥面铺装修复					
NYH041000010001	凿除	m³				
NYH041000010002	重新铺装	m²				
NYH041000010003	防水层重铺或增设	m²				
NYH041000010004	水泥混凝土桥面	m²				
NYH041000010005	沥青混凝土桥面	m²				
NYH04100002	排水设施修复或完善					
NYH041000020001	泄水管	套				
NYH041000020002	排水槽	m				
NYH04100003	人行道、栏杆、护栏、防撞墙修复					
NYH041000030001	人行道	m				
NYH041000030002	栏杆	m				
NYH041000030003	护栏	m				
NYH041000030004	防撞墙	m				
NYH041000030005	现浇混凝土防撞墙	m³				
NYH041000030006	铺设人行道砖	m²				
NYH04100004	桥上照明设施修理	座				
NYH04100005	伸缩装置更换（按伸缩结构类型和伸缩量）					★
NYH041000050001	模数式伸缩缝伸缩量40mm	m				★
NYH041000050002	模数式伸缩缝伸缩量60mm	m				★
NYH041000050003	模数式伸缩缝伸缩量80mm	m				★
NYH041000050004	模数式伸缩缝伸缩量160mm	m				★

表 A.9 养护工程工程量清单(带★的主要为预防养护项目)(续)

项目编号	项目名称	计量单位	工程量	综合单价(元)	合计(元)	备注
清单　第400章　桥梁、涵洞							
NYH041000050005	模数式伸缩缝伸缩量240mm	m				★
NYH04100006	桥头搭板、枕梁修复					
NYH041000060001	搭板	m³				
NYH041000060002	枕梁	m³				
NYH04110	钢筋(预应力)混凝土梁桥加固					
NYH04110001	钢筋混凝土加大截面					
NYH041100010001	钢筋	kg				
NYH041100010002	混凝土	m³				
NYH04110002	植筋	kg				
NYH04110003	粘贴钢板	kg				
NYH04110004	粘贴碳纤维、特种玻璃纤维(单层)	m²				
NYH04110005	预应力加固					
NYH041100050001	穿钢束进行张拉	kg				
NYH041100050002	增加体外束进行张拉	kg				
NYH041100050003	竖向预应力加固	kg				
NYH041100050004	原钢束重新张拉	kg				
NYH04110006	改变梁体截面形式	m³				
NYH04110007	横隔板增加	m³				
NYH04110008	简支变连续	m³				
NYH04110009	主梁更换	m³				
NYH04120	拱桥加固					
NYH04120001	主拱圈强度不足、拱腹面加固					
NYH041200010001	粘贴钢板	kg				
NYH041200010002	浇筑钢筋混凝土	m³				
NYH041200010003	布设钢筋网喷射混凝土	m²				
NYH041200010004	布设钢筋网喷射水泥砂浆	m²				
NYH041200010005	拱肋间加底板	m³				
NYH041200010006	腹面用衬拱	m³				
NYH04120002	主拱圈强度不足、拱背面加固					
NYH041200020001	钢筋	kg				
NYH041200020002	混凝土	m³				
NYH04120003	拱肋、拱上立柱、纵横梁、钢架拱、刚架拱的杆件损坏加固					
NYH041200030001	粘贴钢板	kg				

35

表 A.9 养护工程工程量清单(带★的主要为预防养护项目)(续)

项目编号	项目名称	计量单位	工程量	综合单价（元）	合计（元）	备注
清单 第400章 桥梁、涵洞						
NYH041200030002	粘复合纤维片材	m²				
NYH04120004	桁架拱、刚架拱及拱上框架的节点加固					
NYH041200040001	粘贴钢板	kg				
NYH041200040002	粘复合纤维片材	m²				
NYH04120005	拱圈的环向连接加固					
NYH041200050001	嵌入剪力键	m				
NYH04120006	拱肋之间的横向连接加强					
NYH041200060001	钢筋	kg				
NYH041200060002	混凝土	m³				
NYH04120007	锈蚀、断丝或滑丝的吊杆更换	m				
NYH04120008	钢管混凝土拱肋拱脚区段或其他构件加固					
NYH041200080001	包裹钢筋混凝土	m³				
NYH041200080002	钢管混凝土拱脱空注浆	m³				
NYH04120009	改变结构体系改善结构受力					
NYH041200090001	拉杆加设	m				
NYH04120010	拱上建筑更换	m³				
NYH04120011	桥面加固					
NYH041200110001	桥面板更换	m³				
NYH041200110002	钢筋网增加	m				
NYH041200110003	加厚桥面铺装	m³				
NYH041200110004	换用钢纤维混凝土	m³				
NYH04120012	墩、台变位引起拱圈开裂加固					
NYH041200120001	拱圈修补	m²				
NYH04130	钢桥加固					
NYH04130001	杆件加固					
NYH041300010001	钢板补贴	kg				
NYH041300010002	钢夹板夹紧并铆接加固	kg				
NYH041300010003	水平加劲肋、竖向加劲肋增设	kg				
NYH041300010004	新钢板、角钢或槽钢补加	kg				
NYH041300010005	加劲杆件加设	kg				
NYH041300010006	短角钢加设	kg				
NYH04130002	恢复和提高整桥承载力					
NYH041300020001	补充钢梁增设	kg				

表 A.9 养护工程工程量清单(带★的主要为预防养护项目)(续)

项目编号	项目名称	计量单位	工程量	综合单价(元)	合计(元)	备注
清单 第400章 桥梁、涵洞						
NYH041300020002	加劲梁增设	kg				
NYH041300020003	拱式桁架结构增设	kg				
NYH041300020004	悬索结构增设	kg				
NYH041300020005	竖杆及必要斜杆增设	kg				
NYH041300020006	体外预应力增设	kg				
NYH04140	钢-混凝土组合梁桥加固					
NYH04140001	钢筋混凝土桥面板加固					
NYH041400010001	高强度等级微膨胀混凝土填补	m³				
NYH041400010002	重新浇筑混凝土桥面板	m³				
NYH041400010003	预制板更换	m³				
NYH041400010004	剪力键增设	m				
NYH04150	桥梁支座的维修与更换					★
NYH04150001	桥梁支座维修	个				★
NYH04150002	桥梁支座更换	个				★
NYH04150003	桥梁支座增设	个				★
NYH04150004	更换橡胶支座	dm³				★
NYH04160	墩台基础加固					
NYH04160001	重力式基础加固					
NYH041600010001	连接钢筋增设	kg				
NYH041600010002	连接钢销增设	kg				
NYH041600010003	浇筑混凝土扩大原基础	m³				
NYH041600010004	新的扩大基础增设	m³				
NYH041600010005	钢筋混凝土实体耳墙增设	m³				
NYH04160002	桩基础加固					
NYH041600020001	扩大桩径	m³				
NYH041600020002	桩基灌(压)浆	m³				
NYH041600020003	加桩	m³				
NYH041600020004	扩大承台	m³				
NYH04160003	人工地基加固					
NYH041600030001	地基注浆	m³				
NYH041600030002	地基旋喷注浆	m³				
NYH041600030003	地基深层搅拌	m³				
NYH04160004	基础防护加固					
NYH041600040001	灌注水下混凝土填补冲空部分	m³				
NYH041600040002	混凝土填补冲空部分	m³				

表 A.9 养护工程工程量清单(带★的主要为预防养护项目)(续)

项目编号	项目名称	计量单位	工程量	综合单价 (元)	合计 (元)	备注
清单 第400章 桥梁、涵洞							
NYH041600040003	编织袋装干硬性混凝土填补冲空部分	m³				
NYH041600040004	水泥砂浆防护	m³				
NYH041600040005	新的调治构造物增设	m³				
NYH04160005	基础平面防护加固					
NYH041600050001	打梅花桩	m³				
NYH041600050002	抛石防护	m³				
NYH041600050003	水泥混凝土板、水泥预制块	m³				
NYH041600050004	铁丝笼	m³				
NYH041600050006	新的调治构造物增设	座				
NYH04160006	基础沉降、滑移、倾斜加固					
NYH041600060001	台背填料换填	m³				
NYH041600060002	钢筋混凝土支撑梁增设	m³				
NYH041600060003	浆砌片石支撑板增设	m³				
NYH041600060004	挡土墙、支撑杆、挡块增设	m³				
NYH041600060005	翼墙加厚、增设	m³				
NYH041600060006	拉杆增设	m				
NYH041600060007	上部结构调整或顶升	孔				
NYH041600060008	垫块增设	m³				
NYH041600060009	盖梁加厚	m³				
NYH041600060010	拱轴线顶推、调整	座				
NYH041600060011	梁板顶升(端)	片				
NYH04170	**墩台加固**					
NYH04170001	裂缝加固					
NYH041700010001	钢筋混凝土围带增设	m³				
NYH041700010002	粘贴钢板箍	m				
NYH041700010003	加大墩台截面	m³				
NYH041700010004	灌缝	m				
NYH04170002	倾斜加固					
NYH041700020001	钢拉杆加设	m				
NYH04170003	破损加固					
NYH041700030001	钢筋混凝土箍套增设	m³				
NYH041700030002	包裹碳纤维片材	m²				
NYH04170004	墩台增设					
NYH041700040001	台身增设	m³				

表 A.9 养护工程工程量清单(带★的主要为预防养护项目)(续)

项目编号	项目名称	计量单位	工程量	综合单价(元)	合计(元)	备注
清单 第400章 桥梁、涵洞						
NYH041700040002	墩柱、墩身增设	m³				
NYH041700040003	新盖梁浇筑	m³				
NYH04170005	锥坡、翼墙维修加固					
NYH041700050001	锥坡	m³				
NYH041700050002	翼墙	m³				
NYH04180	桥梁抗震加固					
NYH04180001	梁桥防止顺桥向(纵向)落梁的抗震加固					
NYH041800010001	桥台胸墙抗震加固	m³				
NYH041800010002	挡块增设	m³				
NYH041800010003	主梁(板)固定	处				
NYH041800010004	主梁连成整体	处				
NYH04180002	梁桥防止横向落梁的抗震加固					
NYH041800020001	横向挡块增设	m³				
NYH041800020002	横向挡杆、钢拉杆增设	m				
NYH041800020003	主梁固定	处				
NYH041800020004	桥面改造	m²				
NYH041800020005	增设横隔板	m³				
NYH04180003	防止支座破坏的梁桥抗震加固					
NYH041800030001	支座挡块增设	m³				
NYH041800030002	连接钢筋增设	m				
NYH04180004	桥墩抗震加固					
NYH041800040001	横(斜)撑增设	m				
NYH041800040002	钢套管增设	m				
NYH041800040003	抗震墩增设	m³				
NYH041800040004	桥墩断面加大	m³				
NYH041800040005	套箍增设	m³				
NYH04180005	桥台抗震加固					
NYH041800050001	围裙加筑	m³				
NYH041800050002	挡土墙增设	m³				
NYH041800050003	扶壁或斜撑修筑	m³				
NYH041800050004	桥台形式调整	座				
NYH041800050005	拱抽线顶推调整	座				
NYH04180006	基础、地基抗震加固					
NYH041800060001	水泥浆灌注法	m³				

表 A.9 养护工程工程量清单(带★的主要为预防养护项目)(续)

项目编号	项目名称	计量单位	工程量	综合单价(元)	合计(元)	备注
清单　第400章　桥梁、涵洞						
NYH041800060002	旋喷灌浆法	m³				
NYH041800060003	硅化法	m³				
NYH04180007	盖梁、承台抗震加固					
NYH041800070001	加大截面	m³				
NYH041800070002	施加预应力	m				
NYH04180008	其他设施修复	处				
NYH04180009	抛石处理	m³				
NYH04190	**涵洞的维修**					
NYH04190001	地基处理	m³				
NYH04190002	基础处理					
NYH041900020001	重建基础	m³				
NYH041900020002	压浆加固基础	道				
NYH04190003	侧墙和翼墙维修	m³				
NYH04190004	涵洞加固					
NYH041900040001	混凝土	m³				
NYH041900040002	钢筋混凝土	m³				
NYH041900040003	混凝土预制块衬砌	m³				
NYH041900040004	钢筋混凝土预制块衬砌	m³				
NYH041900040005	现浇衬砌	m³				
NYH04190005	重建或新增					
NYH041900050001	圆管涵及倒虹吸管涵					
NYH0419000500010001	钢筋混凝土圆管涵(1~0.75m)	m				
NYH0419000500010002	钢筋混凝土圆管涵(1~1.0m)	m				
NYH0419000500010003	钢筋混凝土圆管涵(1~1.5m)	m				
NYH0419000500010004	钢管涵(1~0.5m)	m				
NYH041900050002	盖板涵、箱涵					
NYH0419000500020001	钢筋混凝土盖板涵(1~1.5m)	m				
NYH0419000500020002	钢筋混凝土盖板涵(1~2.0m)	m				
NYH0419000500020003	钢筋混凝土盖板涵(1~2.5m)	m				
NYH0419000500020004	钢筋混凝土盖板涵(1~3.0m)	m				
NYH0419000500020005	钢筋混凝土盖板涵(1~3.5m)	m				
NYH0419000500020006	钢筋混凝土盖板涵(1~4.0m)	m				
NYH04190006	涵板更换					
NYH041900060001	钢筋混凝土明板涵(1~1.5m)更换盖板	m				

表 A.9 养护工程工程量清单(带★的主要为预防养护项目)(续)

项目编号	项目名称	计量单位	工程量	综合单价(元)	合计(元)	备注
清单 第400章 桥梁、涵洞						
NYH04190007	涵洞接长					
NYH041900070001	钢筋混凝土圆管涵(1~1.0m)	m				
NYH041900070002	钢筋混凝土盖板涵(1~1.5m)	m				
NYH041900070003	钢筋混凝土盖板涵(1~4.0m)	m				
NYH04190008	顶推法施工涵洞					
NYH041900080001	钢筋混凝土圆管涵(1~1.5m)	m				
NYH04190009	线外涵					
NYH041900090001	钢筋混凝土圆管涵(1~0.5m)	m				
……	……	……				
第400章合计 人民币_____元						
清单 第500章 隧道						
……	……	……				
第500章合计 人民币_____元						
清单 第600章 交通工程及沿线设施						
NYH06100	墙式护栏维修					
NYH06100001	拆除	m				
NYH06100002	修复	m				
NYH06100003	新增	m				
NYH06110	波形护栏维修及更换					
NYH06110001	拆除	m				
NYH06110002	修复	m				
NYH06110003	调整	m				
NYH06110004	新增	m				
NYH06110005	波形护栏局部更换					
NYH061100050001	普通型钢护栏	m				
NYH061100050002	双波加强型钢护栏					
NYH0611000500020001	Gr-A-2E	m				
NYH0611000500020002	Gr-A-4E	m				
NYH0611000500020003	Gr-B-2E	m				
NYH0611000500020004	Gr-B-4E	m				
NYH0611000500020005	Gr-C-2E	m				
NYH0611000500020006	Gr-C-4E	m				
NYH061100050003	三波加强型钢护栏	m				
NYH061100050004	双层双波加强型钢护栏	m				
NYH061100050005	桥路连接过渡段钢护栏	m				

表 A.9 养护工程工程量清单(带★的主要为预防养护项目)(续)

项目编号	项目名称	计量单位	工程量	综合单价（元）	合计（元）	备注
清单 第600章 交通工程及沿线设施						
NYH061100050006	更换防阻块	处				
NYH061100050007	更换护栏盖帽	处				
NYH06110006	波形护栏立柱升高	根				
NYH06120	缆索护栏维修					
NYH06120001	拆除	m				
NYH06120002	修复	m				
NYH06120003	调整	m				
NYH06120004	局部更换	m				
NYH06130	活动式护栏维修					
NYH06130001	修复	m				
NYH06130002	局部更换	m				
NYH06140	警示桩维修、墙式护栏或警示墩局部更换					
NYH06140001	警示桩拆除	块				
NYH06140002	警示桩局部更换	块				
NYH06140003	连续式墙式护栏局部更换	m				
NYH06140004	间断式警示墩局部更换	m				
NYH06150	防撞墩维修					
NYH06150001	拆除	块				
NYH06150002	修复	块				
NYH06160	单柱式交通标志维修					
NYH06160001	拆除	个				
NYH06160002	修复	个				
NYH06160003	更换	个				
NYH06160004	新增					
NYH061600040001	△700	个				
NYH061600040002	△700 + △700	个				
NYH061600040003	△700 + △700 + △700	个				
NYH061600040004	△700 + φ600	个				
NYH061600040005	△700 + △700 + φ600	个				
NYH061600040006	△900	个				
NYH061600040007	△1100	个				
NYH061600040008	φ600	个				
NYH061600040009	φ800	个				
NYH061600040010	□520×320	个				

表 A.9 养护工程工程量清单(带★的主要为预防养护项目)(续)

项目编号	项目名称	计量单位	工程量	综合单价（元）	合计（元）	备注
清单 第600章 交通工程及沿线设施							
NYH061600040011	□700×380	个				
NYH061600040012	□770×1240	个				
NYH061600040013	□800×600	个				
NYH061600040014	□1000×700	个				
NYH061600040015	□1200×540	个				
NYH061600040016	□1500×825	个				
NYH061600040017	□1500×1000	个				
NYH06170	双柱式交通标志维修					
NYH06170001	拆除	个				
NYH06170002	修复	个				
NYH06170003	更换	个				
NYH06180	门架式交通标志维修					
NYH06180001	拆除	个				
NYH06180002	修复	个				
NYH06180003	更换	个				
NYH06180004	新增					
NYH061800040001	限高门架	个				
NYH06190	单悬臂式交通标志维修					
NYH06190001	拆除	个				
NYH06190002	修复	个				
NYH06190003	更换	个				
NYH06190004	新增	个				
NYH061900040001	□2500×1100	个				
NYH061900040002	□4200×2200	个				
NYH06200	双悬臂式交通标志维修					
NYH06200001	拆除	个				
NYH06200002	修复	个				
NYH06200003	更换	个				
NYH06210	附着式交通标志维修					
NYH06210001	拆除	个				
NYH06210002	修复	个				
NYH06210003	更换	个				
NYH06230	里程碑(牌)、百米桩(牌)、界碑(牌)维修					
NYH06230001	拆除里程碑(牌)、百米桩(牌)、界碑(牌)					

表 A.9 养护工程工程量清单(带★的主要为预防养护项目)(续)

项目编号	项目名称	计量单位	工程量	综合单价(元)	合计(元)	备注
清单 第600章 交通工程及沿线设施						
NYH062300010001	拆除里程碑(牌)	块				
NYH062300010002	拆除百米桩(牌)	块				
NYH062300010003	拆除界碑(牌)	块				
NYH06230002	里程碑(牌)、百米桩(牌)、界碑(牌)更换					
NYH062300020001	里程碑(牌)更换	块				
NYH062300020002	百米桩(牌)更换	块				
NYH062300020003	界碑(牌)更换	块				
NYH062300020004	里程碑(牌)更换					
NYH0623000200040001	混凝土里程碑(牌)	块				
NYH0623000200040002	铝合金里程碑(牌)	块				
NYH062300020005	百米桩(牌)更换					
NYH0623000200050001	混凝土百米桩(牌)	块				
NYH0623000200050002	铝合金百米桩(牌)	块				
NYH0623000200050003	玻璃钢百米桩(牌)	块				
NYH06230003	隔离墩维修					
NYH062300030001	更换	处				
NYH062300030002	油漆	处				
NYH06230004	警示桩维修					
NYH062300040001	更换	根				
NYH062300040002	油漆	根				
NYH06230005	道口标柱					
NYH062300050001	修复	根				
NYH062300050002	重建或新增	根				
NYH06240	道路交通标线局部修复					
NYH06240001	热熔型涂料路面标线修复					
NYH062400010001	1号标线	m²				
NYH062400010002	2号标线	m²				
NYH06240002	溶剂常温涂料路面标线修复					
NYH062400020001	1号标线	m²				
NYH062400020002	2号标线	m²				
NYH06240003	溶剂加热涂料路面标线修复					
NYH062400030001	1号标线	m²				
NYH062400030002	2号标线	m²				
NYH06240004	特殊路面标线修复					

表 A.9 养护工程工程量清单(带★的主要为预防养护项目)(续)

项目编号	项目名称	计量单位	工程量	综合单价（元）	合计（元）	备注
清单 第600章 交通工程及沿线设施						
NYH062400040001	震动标线(热熔突起型标线)	m²				
NYH062400040002	防滑标线	m²				
NYH062400040003	水性反光标线	m²				
NYH06240005	减速带修复					
NYH062400050001	拆除	m				
NYH062400050002	更换	m				
NYH062400050003	更换(橡胶减速带)	m				
NYH062400050004	更换(铸钢减速带)	m				
NYH06240006	突起路标修复					
NYH062400060001	单面突起路标	个				
NYH062400060002	双面突起路标	个				
NYH06240007	轮廓标修复					
NYH062400070001	柱式轮廓标	个				
NYH062400070002	附着式轮廓标	个				
NYH062400070003	1243线形(条型)轮廓标	片				
NYH062400070004	柱式边缘视线诱导标	个				
NYH06240008	立面标记修复	处				
NYH06240009	隆声带修复	m²				
NYH06240010	彩色陶瓷颗粒防滑路面	m²				
NYH06250	防眩设施维修					
NYH06250001	防眩板维修					
NYH062500010001	拆除	m				
NYH062500010002	更换	m				
NYH06250002	防眩网维修					
NYH062500020001	拆除	m²				
NYH062500020002	更换	m²				
NYH06260	道路反光镜维修					
NYH06260001	修复	个				
NYH06260002	重建或新增	个				
NYH06270	爆闪灯					
NYH06270001	修复	个				
NYH06270002	重建或新增	个				
NYH06280	防撞桶					
NYH06280001	换膜	m²				
NYH06280002	更换					

45

表 A.9 养护工程工程量清单(带★的主要为预防养护项目)(续)

项目编号	项目名称	计量单位	工程量	综合单价（元）	合计（元）	备注
清单 第600章 交通工程及沿线设施						
NYH062800020001	750×450	个				
NYH062800020002	1100×900	个				
……	……	……				
第600章合计 人民币_____元						
清单 第700章 公路绿化与环境保护						
NYH07100	加铺表土	m³				
NYH07110	绿化补植					
NYH07110001	补播草种	m²				
NYH07110002	补植草皮	m²				
NYH07110003	乔木补植	棵				
NYH07110004	灌木补植	棵				
NYH07120	绿化专项养护					
NYH07120001	两侧行道树养护	m				
NYH07120002	边坡绿化养护	m²				
……	……	……				
第700章合计 人民币_____元						
清单 第800章 公路沿线管理用房设施和服务设施						
……	……	……				
第800章合计 人民币_____元						
清单 第900章 机电						
……	……	……				
第900章合计 人民币_____元						

注1：备注列中带★的项目主要为预防养护项目。

注2：如需增加工程细目，请与本文件主编单位联系。

注3：公路沿线管理用房设施和服务设施的养护工程分项及计价依据采用房建行业相应计价依据计算后，将费用直接列入第800章，机电按具体发生的养护工程分项在第900章中增列并计算费用。

附 录 B
（规范性）
农村公路养护工程量清单计价规则

B.1 小修工程量清单计价规则

B.1.1 通则

B.1.1.1 本部分主要规定了公路小修工程量清单的项目编号、项目名称、计量单位、计价工程内容等。

B.1.1.2 本部分中的各项基本要素，应按下列规定确定：

a) 农村公路小修工程量清单编号均由章（2位）、节（3位）、子目（3位）和细目（4位）四级组成。农村公路小修工程量清单编号前加类型字母前缀，并以章、节、子目和细目依次逐级展开，如细目下还需细分，按4位数字依次展开。工程量清单分级及编码见表B.1。

表 B.1 工程量清单分级及编码

层级	工程量清单编码				
	前缀	一	二	三	四
	养护类型	章	节	子目	细目
位数	字母	2位	3位	3位	4位
编码范围	NXX	01~99	100~999	001~999	0001~9999

b) 计量单位采用基本单位，除特殊情况另有规定项目外，均按以下单位计算和计量：
  ——以体积计算和计量的项目：m^3、dm^3（立方分米）；
  ——以面积计算和计量的项目：m^2、亩；
  ——以重量计算和计量的项目：t、kg；
  ——以长度计算和计量的项目：m；
  ——以自然体、单体或综合体计算和计量的项目：个、项、台、套、棵、块、处等；
  ——以"1"为默认数量，不随工程规模、数量变化而变化的项目：总额。

c) 计价工程内容是对完成清单项目的主要工程或工作内容的明确，凡计价工程内容中未列明但应作为其组成内容的其他工程或工作，应作为该项目的附属工作，参照本文件相应规定或设计图纸综合考虑在单价中。

d) 工程量清单中有标价的单价和总额价均已包括了为实施和完成合同工程所需的劳务、材料、机械、质检（自检）、安装、调试、缺陷修复、管理、保险（工程一切险和第三方责任险除外）、税费、利润等费用。若为局部拼（拓）宽工程，还应包括拼接、连接所需的各项费用。本工程的各类装备的提供、运输、维护、拆卸、拼装等所应支付的费用，应包含在工程量清单的单价与总额价之中。

B.1.1.3 工程量清单应采用综合单价计价，应根据规定的综合单价组成，按本部分的"计价工程内容"确定。

B.1.1.4 本部分未涉及的工程内容，可根据工程实际需要，自行补充相应的计价规范。

B.1.2 计价规则

小修工程量清单项目设置及计价工程内容，应按表B.2的规定执行。

表 B.2 小修工程量清单项目设置及计价工程内容

项目编码	项目名称	计量单位	计价工程内容
清单 第100章 总则			
NXX01100	通则		
NXX01100001	保险费		
NXX011000010001	按合同条款规定,提供建筑工程一切险	总额	按规定办理建筑工程一切险
NXX011000010002	按合同条款规定,提供第三方责任险	总额	按规定办理第三者责任险
NXX01110	工程管理		
NXX01110001	施工环保费	总额	1.施工场地硬化 2.控制扬尘 3.降低噪声 4.施工水土保持 5.合理排污等一切与施工环保有关的作业
NXX01110002	养护保通费	总额	1.交通安全管制 2.安全设施的安装、拆除、移动及养护 3.专职安全人员配备
NXX01110003	安全生产费	总额	按国家有关规定
NXX01110004	竣工文件编制费	总额	将养护原始记录、文件资料、图表记录等的积累、保存和复印按规定编制和提交
NXX01130	承包人驻地建设	总额	1.承包人办公室、住房及生活区建设与管理 2.车间与工作场地、仓库、料场及拌和场建设与管理 3.工地试验室建设与管理 4.医疗卫生的提供与消防设施的配置,驻地设施的维护 5.养护承包合同结束时,按照合同或协议要求将驻地移走、清除、恢复原貌
清单 第200章 路基			
NXX02100	清理		
NXX02100001	清理零星塌方	m³	1.装、卸、运输 2.刷坡
NXX02110	维修		
NXX02110002	边沟、排水沟、截水沟、急流槽维修	m	清理杂物、整修、疏通、杂物弃运
NXX02110003	边沟盖板维修、更换		

表 B.2 小修工程量清单项目设置及计价工程内容(续)

项目编码	项目名称	计量单位	计价工程内容
清单 第200章 路基			
NXX021100030001	维修	块	1. 局部拆除、修补 2. 清理现场
NXX021100030002	更换	块	1. 拆除破损盖板 2. 重新预制、运输、安装 3. 清理现场
NXX021100030003	维修	m^3	1. 局部拆除、修补 2. 清理现场
NXX021100030004	更换	m^3	1. 拆除破损盖板 2. 重新预制、运输、安装 3. 清理现场
NXX02110004	挡土墙维修		
NXX021100040001	M7.5浆砌片石	m^3	1. 拆除、清理破损部分 2. 准备材料、制备砂浆 3. 搭设及拆除简易脚手架、开挖台阶、铺设垫层或反滤层 4. 砌筑、设置沉降缝、安装泄水孔、勾缝或抹面 5. 养护 6. 清理现场
NXX021100040002	C20混凝土	m^3	1. 拆除、清理破损部分 2. 准备材料,搭设及拆除简易脚手架 3. 开挖台阶、铺设垫层或反滤层 4. 模板安拆,混凝土的拌和、运输、浇筑、振捣、养护 5. 清理现场
NXX021100040003	C25混凝土	m^3	1. 拆除、清理破损部分 2. 准备材料,搭设及拆除简易脚手架 3. 开挖台阶、铺设垫层或反滤层 4. 模板安拆,混凝土的拌和、运输、浇筑、振捣、养护 5. 清理现场
NXX021100040004	C30混凝土	m^3	1. 拆除、清理破损部分 2. 准备材料,搭设及拆除简易脚手架 3. 开挖台阶、铺设垫层或反滤层 4. 模板安拆,混凝土的拌和、运输、浇筑、振捣、养护 5. 清理现场

表 B.2 小修工程量清单项目设置及计价工程内容(续)

项目编码	项目名称	计量单位	计价工程内容
清单 第200章 路基			
NXX021100040005	勾缝	m^2	1.搭设及拆除简易脚手架等 2.缝隙凿毛、清除碎渣杂物 3.制备砂浆、勾缝 4.养护 5.清理现场
NXX021100040006	抹面	m^2	1.搭设及拆除简易脚手架等 2.结构面凿毛、清除碎渣杂物 3.制备砂浆、抹面 4.养护 5.清理现场
NXX02110005	边坡整理	m^2	用黏性土填塞捣实(修补拍实)、原边坡挖成台阶型、分层填筑压实、用草皮或方格植草加固
NXX02110006	土路肩修整	m^2	调整横坡、设置截水明槽;石块或水泥混凝土预制块铺砌(现浇)路肩边缘带(护肩带);水泥浆或乳化沥青灌缝密封;粒料加固等
NXX02110008	拦水带维修	m	1.拆除破损部分 2.准备材料、修整、养护 3.清理现场
清单 第300章 路面			
NXX03100	除雪、撒防滑材料		
NXX03100001	除雪、除冰	m^2	1.清扫、铲除、运出路基外 2.撒防滑材料
NXX03100002	防滑材料		
NXX031000020001	储备防滑材料(砂)	m^3	采购与储存防滑材料
NXX031000020002	撒防滑材料(砂)	m^2	撒防滑材料
NXX031000020003	储备融雪材料(融雪剂)	t	采购与储存融雪材料
NXX031000020004	撒融雪材料(融雪剂)	m^2	撒融雪材料
NXX031000020005	储备融雪材料(融雪盐)	t	采购与储存融雪材料
NXX031000020006	撒融雪材料(融雪盐)	m^2	撒融雪材料
NXX03100003	除雪、除冰	m^3	1.清扫、铲除、运出路基外 2.撒防滑材料
NXX03110	水泥混凝土路面维修		
NXX03110001	破板修复		
NXX031100010001	破板凿除	m^2	挖、凿破损混凝土,周边凿毛、冲洗

表 B.2　小修工程量清单项目设置及计价工程内容(续)

项目编码	项目名称	计量单位	计价工程内容
清单　第300章　路面			
NXX031100010002	水泥混凝土修复(普通混凝土)	m²	1.配料、拌和、浇筑、捣固、养护 2.拉杆、传力杆、接缝、补强钢筋及其支架钢筋的制作与安装 3.填灌缝、压(刻)纹(槽) 4.清理现场
NXX031100010003	沥青混凝土加铺	m²	1.清除脱落和破损部分、路面清扫 2.配料、拌和、运输、摊铺、碾压、养护 3.清理现场
NXX031100010004	水泥混凝土修复(快凝混凝土)	m³	1.配料、拌和、浇筑、捣固、养护 2.拉杆、传力杆、接缝、补强钢筋及其支架钢筋的制作与安装 3.填灌缝、压(刻)纹(槽) 4.清理现场
NXX03110002	水泥混凝土路面板底		
NXX031100020001	灌(注)浆	m³	1.灌(注)浆孔制作、恢复 2.配料、拌和、运料压浆
NXX031100020002	素混凝土填充	m³	拌和、运料、灌注
NXX03110003	填缝料更换	m	切缝、清除缝中杂物、配料、灌注、整平
NXX03110004	裂缝灌缝	m	切缝、清除缝中杂物、填灌填缝料
NXX03110005	错台处治	m	磨平、清除缝中杂物、吹净灰尘、填入嵌缝料
NXX03110006	机械刻槽	m²	1.刻槽 2.清理现场
NXX03110007	边角剥落修复	m	1.清理干净剥落的板边、用沥青混凝土料或接缝材料修补平整 2.清理现场
NXX03120	沥青混凝土路面维修		
NXX03120001	纵横向裂缝维修		
NXX031200010001	灌缝胶(不刻槽、裂缝宽度6mm及以内)	m	1.准备填缝材料 2.清除缝中杂物、填灌灌缝胶 3.清理现场
NXX031200010002	灌缝胶(刻槽、裂缝宽度6mm以上)	m	
NXX031200010003	贴缝带(裂缝宽度6mm及以内)	m	1.准备填缝材料 2.清除缝中杂物、贴贴缝带 3.清理现场
NXX031200010004	贴缝带(裂缝宽度6mm以上)	m	

表 B.2 小修工程量清单项目设置及计价工程内容(续)

项目编码	项目名称	计量单位	计价工程内容
清单 第300章 路面			
NXX031200010005	普通沥青(裂缝宽度6mm及以内)	m	1.准备填缝材料 2.清除缝中杂物、灌缝 3.清理现场
NXX03120002	块状裂缝、龟裂维修	m^2	1.清扫裂缝 2.熬油、运输、喷灯加温、灌缝、撒砂填充、裹平 3.清理现场
NXX03120003	沉陷、坑槽、车辙、翻浆处治	m^2	1.划线、开槽、挖除、清底 2.熬油、运输、刷油、配料、拌和、摊铺、碾压、养护 3.清理现场
NXX03120004	波浪、松散、拥包、泛油处治	m^2	1.刨除、清扫 2.洒油、撒料、碾压、养护 3.清理现场
NXX03130	其他路面维修及路面结构物接顺处理		
NXX03130001	泥结集料类路面维修	m^2	1.清理破损部分路面 2.配料、拌和、铺筑、碾压、养护 3.清理现场
NXX03130002	砂石路面维修	m^2	1.清扫、整平路面、洒水 2.铺筑、碾压、养护 3.清理现场
NXX03130004	稳定基层维修	m^3	1.挖除、清理 2.拌和、铺筑、碾压、养护 3.清理现场
NXX03130005	路面结构物接顺处理	m^2	铣刨、清扫、洒油、配料、拌和、摊铺、碾压、养护、清理现场
NXX03130006	砖铺路面维修	m^2	1.清理破损部分 2.维修、养护 3.清理现场
NXX03140	缘石、侧石、平石维修		
NXX03140001	刷白	m	1.清理 2.配料、刷白
NXX03140002	维修	m	1.拆除、清理 2.预制、运输、安装
NXX03140003	更换	m	
清单 第400章 桥梁、涵洞			
NXX04100	桥面系维修		
NXX04100001	桥面铺装修复		

表 B.2 小修工程量清单项目设置及计价工程内容(续)

项目编码	项目名称	计量单位	计价工程内容
清单 第400章 桥梁、涵洞			
NXX041000010001	水泥混凝土桥面	m^2	1.挖(凿)破损混凝土、周边凿毛、冲洗、配料、拌和、填筑、捣固、养护 2.拉杆、传力杆、接缝、补强钢筋及其支架钢筋的制作与安装 3.压(刻)纹(槽)
NXX041000010002	沥青混凝土桥面	m^2	1.清除脱落和破损部分或铣刨、废料外运、清扫 2.配料、拌和、运输、摊铺、碾压、养护 3.清理现场
NXX041000010003	防水层	m^2	1.清除 2.桥面清洗 3.防水黏结层喷涂 4.防水层重新铺设
NXX04100002	排水系统修复		
NXX041000020001	泄水管(铸铁)	套	1.疏通、拆除破损部分 2.清理 3.局部更换
NXX041000020002	排水槽	m	1.疏通、拆除破损部分 2.清理 3.局部更换
NXX04100003	人行道、护栏修补	m	修理或局部更换
NXX04100004	桥上灯柱维护	个	灯柱维护
NXX04100005	伸缩装置维护	m	1.拆除、清理 2.安装
NXX04100006	护栏刷漆	m	1.清扫灰土 2.刷漆
NXX04100007	支座维修	个	1.清除污垢 2.除锈、刷漆、注油、维修
NXX04100008	伸缩缝止水胶条更换	m	1.拆除、清理 2.安装
NXX04100009	支座更换	个	1.更换 2.清理现场
NXX04110	桥梁下部结构维修		
NXX04110001	墩台及基础		
NXX041100010001	混凝土浇筑修补	m^3	1.清除杂物、河床疏浚 2.拆除破损部分 3.维修、养护
NXX041100010002	砖砌修补	m^3	
NXX041100010003	浆砌修补	m^3	

表 B.2 小修工程量清单项目设置及计价工程内容（续）

项目编码	项目名称	计量单位	计价工程内容
清单 第400章 桥梁、涵洞			
NXX04110002	锥坡、翼墙维修		
NXX041100020001	混凝土浇筑修补	m^3	1.清除杂物、河床疏浚 2.拆除破损部分 3.维修、养护
NXX041100020002	砖砌修补	m^3	1.清除杂物、河床疏浚 2.拆除破损部分 3.维修、养护
NXX041100020003	浆砌修补	m^3	
NXX04110003	抛石护基	m^3	抛填块石、片石、铅丝石笼等
NXX04120	涵洞维修		
NXX04120001	混凝土局部维修	m^3	1.清理破损部位 2.水泥混凝土拌和、运输、浇筑、振捣、养护 3.清理现场
NXX04120002	浆砌片石修补	m^3	1.清理破损部位 2.铺设垫层 3.配拌砂浆 4.砌筑、勾缝、养护 5.清理现场
清单 第500章 隧道			
……	……	……	
清单 第600章 交通工程及沿线设施			
NXX06100	交通安全设施维护		
NXX06100001	道路交通标志维护		
NXX061000010001	单柱式交通标志维护	块	
NXX061000010002	双柱式交通标志维护	块	
NXX061000010003	门架式交通标志维护	块	1.清洗 2.维护、局部更换 3.清理现场
NXX061000010004	单悬臂式交通标志维护	块	
NXX061000010005	双悬臂式交通标志维护	块	
NXX061000010006	附着式交通标志维护	块	
NXX06110	护栏维修		
NXX06110001	波形护栏局部更换		
NXX061100010001	维修	m	1.局部维修 2.清理现场
NXX061100010002	局部更换	m	1.局部拆除、更换破损部分 2.清理现场
NXX061100010003	更换立柱	根	1.拆除、废弃 2.加工（购置）、安装 3.清理现场

表 B.2 小修工程量清单项目设置及计价工程内容(续)

项目编码	项目名称	计量单位	计价工程内容
清单 第600章 交通工程及沿线设施			
NXX061100010004	更换端头	个	1.拆除、废弃 2.加工(购置)、安装 3.清理现场
NXX06110002	缆索护栏维修及局部更换		
NXX061100020001	维修	m	1.局部维修 2.清理现场
NXX061100020002	局部更换	m	1.拆除、更换破损部分 2.清理现场
NXX06110003	活动护栏局部更换	m	1.拆除、更换破损部分 2.清理现场
NXX06110004	墙式护栏或警示墩局部更换		
NXX061100040001	连续式墙式护栏局部更换	m	1.拆除、更换破损部分、养护 2.清理现场
NXX061100040002	间断式警示墩局部更换	m	1.拆除、更换破损部分、养护 2.清理现场
NXX06120	护栏及警示墩油漆		
NXX06120001	混凝土护栏面油漆	m	1.清刷干净 2.涂刷油漆
NXX06120002	钢护栏面油漆	m	
NXX06120003	砌体面油漆	m	
NXX06130	隔离栅及护网维修	m	1.修复破损部分 2.清理现场 3.支架制作安装、防护网片安设
NXX06140	道路交通标志维修		
NXX06140001	里程碑(牌)、百米桩(牌)、界碑(牌)更换		
NXX061400010001	里程碑(牌)更换	块	1.拆除破损碑(牌、桩)、清理现场 2.制作安装
NXX061400010002	百米桩(牌)更换	块	
NXX061400010003	界碑(牌)更换	块	
NXX061400010004	里程碑(牌)刷漆、喷字	块	1.清刷干净 2.刷油漆、喷字
NXX061400010005	百米桩(牌)刷漆	块	
NXX061400010006	里程碑(牌)刷涂料、喷字	块	1.清刷干净 2.刷涂料、喷字
NXX061400010007	百米桩(牌)刷涂料	块	
NXX06140002	隔离墩维修		
NXX061400020001	更换	处	1.拆除破损部分、清理现场 2.制作安装

表 B.2 小修工程量清单项目设置及计价工程内容(续)

项目编码	项目名称	计量单位	计价工程内容
清单 第600章 交通工程及沿线设施			
NXX061400020002	油漆	处	1. 清刷干净 2. 刷油漆
NXX06140003	警示桩维修		
NXX061400030001	更换	根	1. 拆除破损部分、清理现场 2. 制作安装
NXX061400030002	油漆	根	1. 清刷干净 2. 刷油漆
NXX06150	道路交通标线局部修复		
NXX06150001	旧标线清除	m²	1. 清除旧标线 2. 清扫路面
NXX06150002	热熔型涂料路面标线局部修复	m²	1. 清除旧标线、清扫路面 2. 放样、划线
NXX06150003	溶剂加热涂料路面标线局部修复	m²	
NXX06150004	冷漆路面标线局部修复	m²	1. 清除旧标线、清扫路面 2. 放样、划线
NXX06150005	突起路标更换	个	1. 拆除旧路标 2. 安装
NXX06150006	轮廓标更换	个	1. 拆除破损部分、清理 2. 安装
NXX06160	防眩设施维修		
NXX06160001	防眩板更换	块	1. 拆除破损部分、清理 2. 安装
NXX06160002	防眩网更换	m	
清单 第700章 公路绿化与环境保护			
NXX07100	绿化补植		
NXX07100001	乔木补植	棵	1. 划线布坑、挖坑 2. 栽植、扶正、回填、浇水、养护 3. 清理现场
NXX07100002	灌木补植	棵	
NXX07100003	草皮补植	m²	1. 修整表土、铺植草皮、洒水、养护 2. 清理现场
NXX07100004	草籽补播	m²	1. 修整表土、撒播草籽、洒水覆盖及养护 2. 清理现场

B.2 养护工程工程量清单计价规则

B.2.1 通则

B.2.1.1 本部分主要规定了农村公路养护工程工程量清单的项目编号、项目名称、计量单位和计价工程内容等。

B.2.1.2 本部分共七章,分别是总则、路基、路面、桥梁、涵洞、隧道、交通工程及沿线设施,公路绿化与环境保护。

B.2.1.3 本部分中的各项工程量清单的基本要素,应按下列规定确定:

a) 农村公路养护工程工程量清单项目编码均由章(2位)、节(3位)、子目(3位)和细目(4位)四级组成。农村公路养护工程工程量清单编号前加类型字母前缀,并以章、节、子目和细目依次逐级展开,如细目下还需细分,再按4位数字依次展开。工程量清单项目分级及编码见表 B.3。

表 B.3 工程量清单项目分级及编码

层 级	工程量清单项目编码				
	前缀	一	二	三	四
	养护类型	章	节	子目	细目
位数	字母	2位	3位	3位	4位
编码范围	NYH	01~99	100~999	001~999	0001~9999

b) 计量单位采用基本单位,除特殊情况另有规定项目外,均按以下单位计算和计量:
—— 以体积计算和计量的项目:m^3、dm^3(立方分米);
—— 以面积计算和计量的项目:m^2、亩;
—— 以重量计算和计量的项目:t、kg;
—— 以长度计算和计量的项目:m;
—— 以自然体、单体或综合体计算和计量的项目:个、项、台、套、棵、块、处等;
—— 以"1"为工程数量,不随工程规模、数量变化而变化的项目:总额。

c) 计价工程内容是对完成清单项目的主要工程或工作内容的明确,凡计价工程内容中未列明但应作为其组成内容的其他工程或工作,应作为该项目的附属工作,参照本文件相应规定或设计图纸综合考虑在单价中。

d) 工程量清单中有标价的单价和总额价均已包括了为实施和完成合同工程所需的劳务、材料、机械、质检(自检)、安装、调试、缺陷修复、管理、保险(工程一切险和第三方责任险除外)、税费、利润等费用。若为拼(拓)宽工程,还应包括拼接、连接所需的各项费用。本工程的各类装备的提供、运输、维护、拆卸、拼装等所应支付的费用,应包含在工程量清单的单价与总额价之中。

B.2.1.4 就地浇筑和预制混凝土、钢筋混凝土、预应力混凝土、石料及混凝土预制块砌体等工程所用的模板、拱架、挂篮及支架的设计、制作、安装、拆除施工等有关作业,若为有关工程的附属工作,不另行计量;施工现场交通组织、维护费,应综合考虑在各项目内,不单独计价。

B.2.1.5 工程量清单应采用综合单价计价,应根据规定的综合单价组成,按本部分的"工程内容"和设计文件确定。

B.2.1.6 本部分未涉及的工程内容,可根据工程实际需要,在项目的技术规范中自行补充相应的计价规范。

B.2.2 第100章 总则

B.2.2.1 一般规定

B.2.2.1.1 本章为总则,主要包括保险费、工程管理、临时工程与设施、承包人驻地建设等内容。

B.2.2.1.2 保险费包含建筑工程一切险和第三方责任险。建筑工程一切险是为永久工程、临时工程和设备及已运至施工工地用于永久工程的材料和设备所投的保险。第三方责任险是对因实施本合同工程而造成的财产(本工程除外)的损失和损害或人员(业主和承包人雇员除外)的死亡或伤残所负责任进行的保险。保险费率按议定保险合同费率办理,根据保单实际额度予以计量。当保单中的建筑工程一切险和第三方责任险两险合一而难以分开时,可根据实际总额合理分摊。

B.2.2.1.3 施工环保费是指承包人在施工过程中采取预防和消除环境污染措施所需的费用。

B.2.2.1.4 养护保通费是指作业期间,承包人为保证交通正常通行而临时设置的用于隔离养护作业控制区与社会车辆通行区域,以及交通管制、媒介宣传费用和聘请协助交通疏导人员的工资报酬等费用。

B.2.2.1.5 安全生产费包括完善、改造和维护安全设施设备费用,配备、维护、保养应急救援器材及设备费用,开展重大危险源和事故隐患评估与整改费用,安全生产检查、评价、咨询费用,配备和更新现场作业人员安全防护用品支出费用,安全生产宣传、教育、培训费用,安全设施及特种设备检测检验费用,施工安全风险评估、应急演练等有关工作及其他与安全生产直接相关的费用。安全生产费应以建筑安装工程费(不含安全生产费和保险费)为基数,按国家有关规定费率计算。

B.2.2.1.6 临时工程费是指承包人为完成工程建设,用于建设临时便道、临时便桥以及临时占用土地的租用费。临时用地费已包含临时占地恢复费,临时占地退还前,承包人应负责恢复到临时用地使用前的状况。未经审批的占地使用时间所发生的一切费用和后果由承包人自负。

B.2.2.1.7 承包人驻地建设费是指承包人为工程建设必须临时修建的承包人住房、办公房、加工车间、仓库、试验室和必要的供水、卫生、消防设施所需的费用,其中包括拆除与恢复到原来的自然状况的费用。

B.2.2.2 计价规则

农村公路养护工程工程量清单项目设置及计价工程内容的总则部分,应按表 B.4 的规定执行。

表 B.4 总 则

项目编码	项目名称	计量单位	计价工程内容
NYH01100	通则		
NYH01100001	保险费		
NYH011000010001	按合同条款规定,提供建筑工程一切险	总额	按规定办理建筑工程一切险
NYH011000010002	按合同条款规定,提供第三方责任险	总额	按规定办理第三者责任险
NYH01110	工程管理		
NYH01110001	施工环保费	总额	1. 施工场地硬化 2. 控制扬尘 3. 降低噪声 4. 施工水土保持 5. 合理排污等一切与施工环保有关的作业
NYH01110002	养护保通费	总额	1. 交通安全管制 2. 安全设施的安装、拆除、移动、养护 3. 专职安全人员配备
NYH01110003	安全生产费	总额	按国家有关规定
NYH01110004	竣工文件编制费	总额	将养护原始记录、文件资料、图表记录等的积累、保存和复印,按规定编制和提交

表 B.4 总　　则(续)

项目编码	项目名称	计量单位	计价工程内容
NYH01120	临时工程		
NYH01120001	临时便道	m	保证车辆人员进出现场通畅,所需物资能及时地运至现场的临时道路和桥梁
NYH01120002	临时便桥	m	
NYH01120003	临时工程用地	亩	1. 承包人办公和生活用地 2. 仓库与料场用地 3. 预制场地 4. 借土场地及临时堆土场 5. 工地试验室用地 6. 临时道路用地等 7. 用地退还前恢复到使用前状况
NYH01130	承包人驻地建设	总额	1. 承包人办公室、住房及生活区的建设与管理 2. 车间与工作场地、仓库、料场及拌和场的建设与管理 3. 工地试验室的建设与管理 4. 医疗卫生的提供与消防设施的配置,驻地设施的维护 5. 养护承包合同结束时,按照合同或协议要求将驻地移走、清除、恢复原貌

B.2.3 第200章 路基

B.2.3.1 一般规定

B.2.3.1.1 本章为路基,主要包括拆除路上结构物、局部维修挖(填)方、路基处治、修复或完善排水设施、修复或完善防护工程等内容。

B.2.3.1.2 路基处治包括路基翻浆及其相关的工程作业。

B.2.3.1.3 修复或完善排水设施包括边沟、排水沟、截水沟、急流槽、盲(渗)沟、拦水带和跌水井等结构物的修复及其有关的工程作业。

B.2.3.1.4 修复或完善防护工程包括清理塌方、滑坡、风化碎石、边坡防护、挡土墙、挂网坡面防护、预应力锚索和锚固桥及河道防护等结构物的修复及其有关的作业。废方弃运堆放等均包含在相应的工程项目中,不另行计量。

B.2.3.1.5 硬路肩产生的病害应参照同类型路面病害处治。

B.2.3.1.6 本章项目未明确指出的工程内容,如场地清理、脚手架的搭拆、模板的安装、拆除及场地运输等均包含在相应的工程项目中,不另行计量。

B.2.3.2 计价规则

农村公路养护工程工程量清单项目设置及计价工程内容涉及路基工程部分,应按表 B.5 的规定执行。

表 B.5 路基工程

项目编码	项目名称	计量单位	计价工程内容
NYH02100	场地清理及拆除		
NYH02100001	场地清理		
NYH021000010001	清理现场	m²	1. 清除垃圾、废料、表土（腐殖土）、石头、草皮 2. 适用于材料的装卸、移运、堆放及废料的移运处理 3. 清理现场
NYH021000010002	砍树挖根	棵	1. 砍伐 2. 截锯 3. 挖除树根 4. 装卸、移运至指定地点堆放 5. 清理现场
NYH02110	拆除结构物		
NYH02110001	拆除砖砌体结构	m³	1. 拆除前原有交通、排水等相关结构物的妥善处理 2. 不同结构物（含必要的地下部分结构物）的拆除、装卸、运输和定点堆放 3. 挖除后坑穴的回填及压实
NYH02110002	拆除干砌片（块）石结构	m³	
NYH02110003	拆除浆砌片（块）石结构	m³	
NYH02110004	拆除混凝土结构	m³	
NYH02110005	拆除钢筋混凝土结构	m³	
NYH02120	局部维修挖方		
NYH02120001	挖土方	m³	1. 施工防、排水，临时道路，安全措施 2. 路堑、线外工程的土方开挖、装卸、运输 3. 路基顶面挖松压实 4. 整修边坡 5. 弃方和剩余材料处理
NYH02120002	挖石方	m³	1. 施工防、排水，临时道路，安全措施 2. 路堑、线外工程的石方爆破、开挖、装卸、运输 3. 清理坡面松石，路基顶面凿平或超挖回填压实 4. 整修边坡 5. 填方利用石方的堆放、分理、解小、破碎 6. 弃方和剩余材料处理
NYH02120003	挖淤泥	m³	1. 施工防、排水 2. 开挖、装卸、运输 3. 弃方处理
NYH02130	局部维修填方		

表 B.5 路 基 工 程(续)

项目编码	项目名称	计量单位	计价工程内容
NYH02130001	利用方填筑	m³	1. 基底翻松、压实、坡地挖台阶 2. 临时排水 3. 分层摊铺、洒水、压实、刷坡 4. 路基整修
NYH02130002	借方填筑	m³	1. 借方场资源费、非适用材料清除、地貌恢复、临时道路及安全措施等 2. 开挖、装卸、运输 3. 基底翻松、压实、坡地挖台阶 4. 临时排水 5. 分层摊铺、洒水、压实、刷坡 6. 路基整修
NYH02130003	结构物台背回填	m³	1. 挖运、掺配、拌和 2. 摊平、压实 3. 洒水或养护 4. 土工合成材料和防排水材料铺设 5. 整形
NYH02130004	路基换填		
NYH021300040001	换填土	m³	1. 施工防、排水 2. 非适用材料开挖、装卸、运输等 3. 坡地挖台阶 4. 土方开挖、装卸、运输,分层摊铺、洒水、压实、刷坡 5. 路基整修
NYH021300040002	换填砂砾类土	m³	1. 施工防、排水 2. 非适用材料开挖、装卸、运输等 3. 坡地挖台阶 4. 分层摊铺、洒水、压实、刷坡 5. 路基整修
NYH02140	路基处治		
NYH02140001	路基翻浆处治		
NYH021400010001	设置透水隔离层	m³	1. 挖运 2. 铺筑粗集料 3. 铺土工布 4. 整形
NYH021400010002	增设盲沟	m	1. 挖盲沟槽 2. 填筑透水性材料、埋设带孔的泄水管 3. 回填夯实 4. 清理现场

表 B.5 路 基 工 程(续)

项目编码	项目名称	计量单位	计价工程内容
NYH02140002	路基注浆处置	m³	1.确定孔位、钻孔 2.制备水泥浆、清孔、插拔注浆管、压浆 3.清理现场
NYH02140003	路基翻压	m³	1.施工防、排水,临时道路,安全措施 2.路基开挖、装卸、运输 3.含水率调整、摊平、压实 4.软基路段沉降及变位监测 5.路基整修
NYH02150	排水设施修复或完善		
NYH02150001	边沟	m	1.拆除破损部分 2.基坑开挖整形 3.片石准备或混凝土预制块预制、铺设垫层、砌筑勾缝 4.沟底抹面及压顶
NYH02150002	排水沟	m	
NYH02150003	截水沟	m	
NYH02150004	急流槽	m	1.拆除破损部分 2.基坑开挖整形 3.铺设垫层、砌筑勾缝或混凝土浇筑、养护(包括消力池、消力槛、抗滑台等附属设施) 4.接头填塞 5.抹面及压顶
NYH02150005	盲(渗)沟	m	1.拆除破损部分 2.基坑开挖整形 3.垫层铺设 4.土工材料设置、管材埋设、粒料填充 5.出水口砌筑 6.顶部封闭层铺设、回填
NYH02150006	拦水带	m	1.拆除破损部分 2.基坑开挖整形 3.混凝土预制块预制、砌筑勾缝、养护
NYH02150007	跌水井	个	1.拆除破损部分 2.基坑开挖整形 3.垫层铺设 4.混凝土拌和、运输、浇筑、养护

表 B.5 路 基 工 程(续)

项目编码	项目名称	计量单位	计价工程内容
NYH02150008	边沟		
NYH021500080001	M7.5 浆砌片石	m³	1. 拆除破损部分 2. 基坑开挖整形 3. 片石准备、铺设垫层、砌筑、勾缝、养护 4. 沟底抹面及压顶
NYH021500080002	M10 浆砌片石	m³	
NYH021500080003	C25 现浇混凝土	m³	1. 拆除破损部分 2. 基坑开挖整形 3. 垫层铺设 4. 混凝土拌和、运输、浇筑、养护
NYH02150009	排水沟		
NYH021500090001	M7.5 浆砌片石	m³	1. 拆除破损部分 2. 基坑开挖整形 3. 片石准备、铺设垫层、砌筑、勾缝、养护 4. 沟底抹面及压顶
NYH021500090002	M10 浆砌片石	m³	
NYH021500090003	C25 现浇混凝土	m³	1. 拆除破损部分 2. 基坑开挖整形 3. 垫层铺设 4. 混凝土拌和、运输、浇筑、养护
NYH02150010	截水沟		
NYH021500100001	M7.5 浆砌片石	m³	1. 拆除破损部分 2. 基坑开挖整形 3. 片石准备、铺设垫层、砌筑、勾缝、养护 4. 沟底抹面及压顶 5. 预制安装盖板
NYH021500100002	M10 浆砌片石	m³	
NYH021500100003	C25 现浇混凝土	m³	1. 拆除破损部分 2. 基坑开挖整形 3. 垫层铺设 4. 混凝土拌和、运输、浇筑、养护
NYH021500100004	C25 混凝土预制块	m³	1. 拆除破损部分 2. 基坑开挖整形 3. 混凝土预制块预制、铺设垫层、砌筑、勾缝 4. 沟底抹面及压顶
NYH02150011	急流槽		
NYH021500110001	M7.5 浆砌片石	m³	1. 拆除破损部分 2. 基坑开挖整形 3. 铺设垫层、砌筑、勾缝或混凝土浇筑、养护(包括消力池、消力槛、抗滑台等附属设施) 4. 接头填塞 5. 抹面及压顶
NYH021500110002	M10 浆砌片石	m³	
NYH021500110003	C25 现浇混凝土	m³	

表 B.5 路 基 工 程(续)

项目编码	项目名称	计量单位	计价工程内容
NYH021500110004	钢板急流槽	kg	1.拆除破损部分 2.基坑开挖整形 3.钢板制作、安装
NYH021500110005	钢板急流槽(0.4m×0.4m)	m	1.拆除破损部分 2.基坑开挖整形 3.钢板制作、安装
NYH021500110006	钢板急流槽(0.6m×0.6m)	m	1.拆除破损部分 2.基坑开挖整形 3.钢板制作、安装
NYH02150012	预制安装混凝土盖板	m³	1.拆除破损部分 2.混凝土预制板预制、安装
NYH02150013	蒸发池		
NYH021500130001	M7.5 浆砌片石	m³	1.拆除破损部分 2.基坑开挖整形 3.片石准备、铺设垫层、砌筑、勾缝、养护 4.沟底抹面及压顶
NYH021500130002	M10 浆砌片石	m³	
NYH021500130003	C25 现浇混凝土	m³	1.拆除破损部分 2.基坑开挖整形 3.垫层铺设 4.混凝土拌和、运输、浇筑、养护
NYH02160	**防护工程修复或完善**		
NYH02160001	塌方、滑坡、风化碎石清理	m³	1.开挖 2.装卸、运输 3.整修边坡 4.弃方处理
NYH02160002	削坡	m³	1.开挖 2.装卸、运输 3.整修边坡 4.弃方处理
NYH02160003	生态植被护坡修复或完善		
NYH021600030001	铺(植)草皮	m²	1.挖除破损部分 2.整修边坡、铺设植土 3.铺设草皮 4.养护 5.达到规定成活率
NYH021600030002	播植(喷播)草灌	m²	1.挖除破损部分 2.整修边坡、铺设植土 3.播植(喷播)草灌 4.养护 5.达到规定成活率

表 B.5 路基工程(续)

项目编码	项目名称	计量单位	计价工程内容
NYH021600030003	客土喷播草灌	m²	1. 拆除破损部分 2. 喷播混合物准备 3. 平整坡面、喷播植草灌 4. 养护 5. 达到规定成活率
NYH021600030004	TBS生态植被	m²	1. 拆除破损部分 2. 基材混合物准备 3. 平整坡面、打设挂网锚杆 4. 挂网、喷混植草灌 5. 养护 6. 达到规定成活率
NYH021600030005	土工格室植草灌	m²	1. 拆除破损部分 2. 平整坡面 3. 铺设、连接、固定土工格室 4. 铺设植土、喷播植草灌 5. 养护 6. 达到规定成活率
NYH021600030006	植生袋植草灌	m²	1. 拆除破损部分 2. 平整、拍实坡面 3. 植生袋摆放、拍实 4. 养护 5. 达到规定成活率
NYH02160004	浆砌片石护坡修复或完善		
NYH021600040001	骨架护坡	m²	1. 清洗、修补 2. 拆除破损部分 3. 整修边坡 4. 挖砌体槽或基坑并夯实、回填 5. 砌筑、勾缝及襟边等设置 6. 铺设必要的垫层、滤水层，制作与安装沉降缝、伸缩缝、泄水孔
NYH021600040002	满砌护坡	m²	
NYH021600040003	M7.5浆砌片石满砌护坡	m³	1. 清洗、修补 2. 拆除破损部分 3. 整修边坡 4. 挖砌体槽或基坑并夯实、回填 5. 砌筑、勾缝及襟边等设置 6. 铺设必要的垫层、滤水层，制作与安装沉降缝、伸缩缝、泄水孔
NYH021600040004	M10浆砌片石满砌护坡	m³	1. 清洗、修补 2. 拆除破损部分 3. 整修边坡 4. 挖砌体槽或基坑并夯实、回填 5. 砌筑、勾缝及襟边等设置 6. 铺设必要的垫层、滤水层，制作与安装沉降缝、伸缩缝、泄水孔

表 B.5 路基工程(续)

项目编码	项目名称	计量单位	计价工程内容
NYH02160005	混凝土护坡修复或完善		
NYH021600050001	预制块骨架护坡	m²	1. 拆除破损部分 2. 整修边坡 3. 挖砌体(混凝土)槽或基坑并夯实、回填 4. 预制、铺设混凝土块或模筑混凝土、设置襟边等 5. 铺设垫层、滤水层,制作与安装沉降缝、伸缩缝、泄水孔
NYH021600050002	预制块满砌护坡	m²	
NYH021600050003	现浇混凝土骨架护坡	m²	
NYH021600050004	锚杆框架护坡	m²	1. 拆除破损部分 2. 整修边坡 3. 锚杆打设、模筑构架混凝土 4. 铺设垫层,制作与安装沉降缝、伸缩缝、泄水孔
NYH02160006	挂网喷浆防护边坡修复或完善		
NYH021600060001	喷浆防护边坡(厚50mm)	m²	1. 拆除破损部分 2. 喷浆 3. 养护
NYH021600060002	每增加或减少10mm	m²	
NYH021600060003	铁丝网	m²	1. 拆除破损部分 2. 整修边坡 3. 挂网或铺设土工格栅
NYH021600060004	土工格栅	m²	
NYH021600060005	锚杆	m	1. 拆除破损部分 2. 钻孔、清孔 3. 锚杆制作与安装,灌浆
NYH02160007	挂网锚喷混凝土防护边坡(全坡面)修复或完善		
NYH021600070001	喷混凝土防护边坡(厚50mm)	m²	1. 拆除破损部分 2. 喷射混凝土 3. 养护
NYH021600070002	每增加或减少10mm	m²	
NYH021600070003	钢筋网	m²	1. 拆除破损部分 2. 整修边坡 3. 挂网或铺设土工格栅
NYH021600070004	铁丝网	m²	
NYH021600070005	土工格栅	m²	
NYH021600070006	锚杆	m	1. 拆除破损部分 2. 钻孔、清孔 3. 锚杆制作与安装,灌浆
NYH02160008	坡面防护修复或完善		
NYH021600080001	喷射混凝土(厚50mm)	m²	1. 拆除破损部分 2. 整修边坡 3. 喷射混凝土 4. 养护
NYH021600080002	每增加或减少10mm	m²	

表B.5 路基工程(续)

项目编码	项目名称	计量单位	计价工程内容
NYH021600080003	喷射水泥砂浆(厚50mm)	m²	1. 拆除破损部分 2. 整修边坡 3. 喷射砂浆 4. 养护
NYH021600080004	每增加或减少10mm	m²	
NYH02160009	预应力锚索(杆)边坡加固		
NYH021600090001	预应力锚索	m	1. 拆除破损部分 2. 场地清理 3. 钻孔、清孔及锚索制作与安装(含护套) 4. 张拉、注浆 5. 锚固、封端
NYH021600090002	锚杆	m	1. 场地清理 2. 钻孔、清孔及锚杆制作与安装(含护套) 3. 张拉、注浆 4. 锚固、封端
NYH021600090003	混凝土锚固板(墩)	m³	1. 场地清理、挖基 2. 钢筋制作安装 3. 现浇或预制安装混凝土锚固板 4. 养护
NYH021600090004	注浆	m³	1. 拆除破损部分 2. 注浆 3. 养护
NYH02160010	护面墙修复或完善		
NYH021600100001	浆砌片(块)石护面墙	m³	1. 拆除破损部分 2. 整修边坡 3. 基坑开挖、回填并夯实 4. 砌筑、勾缝、养护 5. 铺设垫层、滤水层及制作与安装沉降缝、伸缩缝、泄水孔
NYH021600100002	混凝土护面墙	m³	1. 拆除破损部分 2. 整修边坡 3. 基坑开挖、回填并夯实 4. 混凝土拌和、运输、浇筑、养护 5. 铺设垫层、滤水层及制作与安装沉降缝、伸缩缝、泄水孔
NYH021600100003	钢筋混凝土护面墙	m³	1. 拆除破损部分 2. 整修边坡 3. 基坑开挖、回填并夯实 4. 钢筋制作、安装 5. 模筑混凝土、养护 6. 铺设垫层、滤水层及制作与安装沉降缝、伸缩缝、泄水孔

表 B.5 路 基 工 程(续)

项目编码	项目名称	计量单位	计价工程内容
NYH021600100004	条(料)石镶面	m²	1.拆除破损部分 2.砌筑、勾缝、养护 3.制作与安装沉降缝、伸缩缝、泄水孔
NYH02160011	挡土墙修复或完善		
NYH021600110001	干砌片(块)石挡土墙	m³	1.拆除破损部分 2.施工防、排水 3.挖基、基底清理、垫层铺设 4.砌筑 5.铺设滤水层,制作与安装沉降缝、伸缩缝、泄水孔 6.基坑及墙背回填
NYH021600110002	浆砌片(块)石挡土墙	m³	1.拆除破损部分 2.施工防、排水 3.挖基、基底清理、垫层铺设 4.砌筑、勾缝、养护 5.铺设滤水层及制作与安装沉降缝、伸缩缝、泄水孔基坑,墙背回填
NYH021600110003	片石混凝土挡土墙	m³	1.拆除破损部分 2.施工防、排水 3.挖基、基底清理、垫层铺设 4.钢筋制作与安装,混凝土浇筑、养护 5.铺设滤水层,制作与安装沉降缝、伸缩缝、泄水孔基坑,墙背回填
NYH021600110004	混凝土挡土墙	m³	
NYH021600110005	钢筋混凝土挡土墙	m³	
NYH021600110006	条(料)石镶面	m²	1.拆除破损部分 2.砌筑、勾缝、养护 3.制作与安装沉降缝、伸缩缝、泄水孔
NYH021600110007	挡墙混凝土基础	m³	1.拆除破损部分 2.模板制作、安装、拆除 3.钢筋制作、安装 4.混凝土浇筑、养护 5.基础回填
NYH021600110008	挡墙灌注桩基础	m	1.拆除破损部分 2.施工防、排水 3.制作、埋设护筒 4.护壁、成孔、清孔 5.钢筋制作、安装(含必要的检测管) 6.混凝土灌注 7.桩头处理

表 B.5　路 基 工 程(续)

项目编码	项目名称	计量单位	计价工程内容
NYH021600110009	锚固挡土墙	m	1. 钻孔、清孔及锚杆制作与安装（含护套） 2. 张拉、注浆 3. 锚固、封端
NYH021600110010	套墙加固	m^3	1. 挖除部分墙后填土 2. 凿毛旧基础和旧墙身 3. 设置钢筋锚栓或石榫 4. 钢筋制作、安装 5. 混凝土浇筑或砌筑、养护 6. 铺设滤水层,制作与安装沉降缝、伸缩缝、泄水孔 7. 墙背回填
NYH021600110011	增建支撑墙加固	m^3	1. 挖基、基底处理 2. 钢筋制作、安装 3. 混凝土浇筑或砌筑、养护
NYH021600110012	喷涂水泥砂浆保护层	m^2	1. 凿除风化表层 2. 喷涂水泥砂浆 3. 养护
NYH02160012	锚杆挡土墙修复或完善		
NYH021600120001	混凝土立柱	m^3	1. 拆除破损部分 2. 挖基、基底清理 3. 模板制作、安装 4. 现浇混凝土或预制、安装构件 5. 基坑及墙背回填
NYH021600120002	混凝土挡板	m^3	
NYH021600120003	钢筋	m	1. 拆除破损部分 2. 钢筋制作、安装
NYH021600120004	锚杆	m	1. 拆除破损部分 2. 锚孔、钻孔、清孔、锚杆制作与安装、锚孔灌浆、抗拔力试验
NYH02160013	加筋土挡土墙修复或完善		
NYH021600130001	浆砌片(块)石基础	m^3	1. 拆除破损部分 2. 施工防、排水 3. 挖基、基底处理及回填 4. 浇筑或砌筑基础、养护 5. 沉降缝设置
NYH021600130002	混凝土基础	m^3	
NYH021600130003	混凝土帽石	m^3	1. 拆除破损部分 2. 混凝土浇筑、养护
NYH021600130004	混凝土墙面板	m^3	1. 拆除破损部分 2. 预制安装墙面板

表 B.5 路 基 工 程(续)

项目编码	项目名称	计量单位	计价工程内容
NYH021600130004	混凝土墙面板	m³	3.沉降缝填塞、铺设滤水层、制作与安装泄水孔 4.墙面封顶
NYH02160014	河道防护修复或完善		
NYH021600140001	浆砌片(块)石河床铺砌	m³	1.拆除破损部分 2.施工防、排水 3.挖基、基底清理、铺设垫层 4.砌筑、勾缝、养护 5.基坑回填、夯实
NYH021600140002	浆砌片石顺坝	m³	
NYH021600140003	浆砌片石丁坝	m³	
NYH021600140004	浆砌片石调水坝	m³	
NYH021600140005	浆砌片石导流堤	m³	
NYH021600140006	浆砌片石锥(护)坡	m³	
NYH021600140007	干砌片(块)石	m³	
NYH021600140008	混凝土护岸	m³	1.拆除破损部分 2.施工防、排水 3.挖基、铺设垫层 4.钢筋制作、安装,混凝土浇筑、养护 5.基坑回填、夯实
NYH021600140009	钢筋混凝土护岸	m³	
NYH02160015	混凝土封顶修复或完善	m³	1.拆除破损部分 2.混凝土浇筑、养护
NYH02160016	抛石处理		
NYH021600160001	抛片(块)石	m³	1.运石 2.抛石
NYH021600160002	石笼抛石	m³	
NYH02160017	整修边坡		
NYH021600170001	土方加固	m³	1.施工防、排水及安全措施 2.挖台阶 3.含水率调整、摊平、压实 4.边坡整修
NYH021600170002	砂袋防护	m³	1.准备材料、边坡清理 2.砂袋安设、加固 3.清理现场
NYH02170	路肩修复或完善		
NYH02170001	土路肩	m³	1.挖除、修复 2.清理现场
NYH02170002	硬路肩	m³	1.挖除、修复 2.清理现场
NYH02170003	砂砾路肩	m³	1.挖除、修复 2.清理现场
NYH02170004	土路肩	m²	1.挖除、修复 2.清理现场

B.2.4 第300章 路面

B.2.4.1 一般规定

B.2.4.1.1 本章为路面,主要包括挖除、铣刨、破碎修复旧路面,病害处治,修复或加铺各种垫层、底基层、基层和面层,修复或完善土工合成材料,修复或完善路面及中央分隔带排水、路缘石等有关作业。

B.2.4.1.2 水泥混凝土路面维修包括破板修复、水泥混凝土路面板底灌浆、更换填缝料、裂缝维修、错台处治、机械刻槽、露骨处治、修复剥落的边角等。水泥混凝土路面维修与修复中的模板制作、安装,缩缝、胀缝的制作及填灌缝(除更换填缝料外),传力杆、拉杆、补强钢筋及其支架钢筋,以及养护用的养护剂、覆盖的麻袋、养护器材等,均包括在相应的工程细目中,不另行计量。

B.2.4.1.3 沥青混凝土路面维修包括纵横向裂缝维修、块状裂缝维修、龟裂维修以及沉陷、坑槽、车辙、翻浆、波浪、搓板、拥包、泛油、麻面、松散、脱皮、啃边等病害的处治。养护用的养护剂、覆盖的麻袋、养护器材等,均包括在相应的工程细目中,不另行计量。

B.2.4.1.4 病害处治包括各种沥青路面裂缝类、松散类、变形类及其他类的病害处治。

B.2.4.1.5 沥青混凝土和水泥混凝土路面中的改性剂等各种外掺材料,均包含在相应的工程细目中,不另行计量。

B.2.4.1.6 沥青混合料、水泥混凝土和(底)基层混合料拌和场站、储料场的建设、拆除、恢复均包括在相应的工程细目中,不另行计量。

B.2.4.2 计价规则

农村公路养护工程工程量清单项目设置及计价工程内容涉及路面工程部分,应按表B.6的规定执行。

表B.6 路面工程

项目编码	项目名称	计量单位	计价工程内容
NYH03100	挖除、铣刨、破碎旧路面		
NYH03100001	水泥混凝土路面		
NYH031000010001	水泥路面多锤头碎石化	m²	多锤头破碎机对旧水泥路面进行彻底的破碎、稳定
NYH031000010002	水泥路面多镐头碎石化	m²	多镐头对旧水泥路面进行彻底的破碎、稳定
NYH031000010003	水泥路面共振碎石化	m²	共振破碎机对旧水泥路面进行彻底的破碎、稳定
NYH031000010004	挖除	m³	1.挖除、装卸、运输和定点堆放 2.挖除后平整、压实
NYH031000010005	破板修复		1.挖(凿)破损混凝土、周边凿毛、冲洗、配料、拌和、浇筑(加铺)、捣固(压实)、养护、填灌缝 2.拉杆、传力杆、接缝、补强钢筋及其支架钢筋制作与安装 3.压(刻)纹(槽)
NYH0310000100050001	水泥混凝土	m²	
NYH0310000100050002	沥青混凝土加铺	m²	
NYH0310000100050003	水泥混凝土	m³	
NYH031000010006	水泥混凝土路面板底灌(注)浆	m²	1.灌(注)浆孔制作、恢复 2.配料、拌和、运料、压浆
NYH031000010007	填缝料更换	m	切缝、清除缝中杂物、配料、灌注、整平

表B.6 路面工程(续)

项目编码	项目名称	计量单位	计价工程内容
NYH031000010008	裂缝灌缝	m	切缝,清除缝中杂物,填灌填缝料
NYH031000010009	错台处治	m	磨平、清除缝内杂物、吹净灰尘、填入嵌缝料
NYH031000010010	机械刻槽	m²	1. 刻槽 2. 清理现场
NYH031000010011	露骨处治	m²	处治
NYH031000010012	边角剥落修复	m	1. 清理干净剥落的板边,用沥青混凝土料或接缝材料修补平整 2. 修复
NYH031000010013	路面拉毛	m²	1. 拉毛、清扫 2. 清理现场
NYH03100002	沥青混凝土路面		
NYH031000020001	铣刨	m³	1. 铣刨、装卸、运输和定点堆放 2. 铣刨后清理现场
NYH031000020002	挖除	m³	1. 挖除、装卸、运输和定点堆放 2. 挖除后平整、压实
NYH031000020003	纵横向裂缝维修		
NYH0310000200030001	灌缝胶(不刻槽、裂缝宽度6mm及以内)	m	1. 准备填缝材料 2. 清除缝中杂物、灌灌缝胶 3. 清理现场
NYH0310000200030002	灌缝胶(刻槽、裂缝宽度6mm以上)	m	
NYH0310000200030003	贴缝带(裂缝宽度6mm及以内)	m	1. 准备填缝材料 2. 清除缝中杂物、贴贴缝带 3. 清理现场
NYH0310000200030004	贴缝带(裂缝宽度6mm以上)	m	
NYH0310000200030005	普通沥青(裂缝宽度6mm及以内)	m	1. 准备填缝材料 2. 清除缝中杂物、灌缝 3. 清理现场
NYH031000020004	块状裂缝、龟裂维修	m	1. 清扫裂缝 2. 熬油、运输、喷灯加温、灌缝、撒砂填充、裂平 3. 清理现场
NYH03100004	挖除泥结碎(砾)石路面	m³	1. 不同路面结构层厚度的挖除、装卸、运输和定点堆放 2. 挖除后平整、压实
NYH03100005	挖除基层	m³	
NYH03100006	挖除底基层	m³	
NYH03100007	挖除旧路肩		
NYH031000070001	土路肩	m³	1. 不同路面结构层厚度的挖除、装卸、运输和定点堆放 2. 挖除后平整、压实
NYH031000070002	水泥混凝土硬路肩	m³	
NYH031000070003	沥青混凝土硬路肩	m³	

表 B.6 路 面 工 程(续)

项目编码	项目名称	计量单位	计价工程内容
NYH03100008	路缘石、侧(平)石拆除	m³	1.拆除、运输和定点堆放 2.清理现场
NYH03110	裂缝类病害处治		
NYH03110001	龟裂处治	m²	1.铺设土工合成材料 2.封层(乳化沥青稀浆封层或沥青混合料封层)、改性沥青薄层罩面或单层沥青表处
NYH03110002	不规则裂缝处治	m²	1.清扫路面 2.喷洒少量沥青或乳化沥青 3.匀撒石屑或粗砂 4.碾压 5.初期养护
NYH03110003	缝宽在5mm以上的纵横向裂缝处治	m²	1.除去已松动的裂缝边缘 2.沥青混合料(乳化沥青)拌和、运输、填缝、捣实 3.初期养护
NYH03120	松散类病害处治		
NYH03120001	坑槽修补		
NYH031200010001	厚40mm	m²	划线、开槽、清底、熬油、运输、刷油、配料、拌和、摊铺、碾压
NYH031200010002	每增加或减少10mm	m²	
NYH03120002	松散处治	m²	收集松动的矿料,喷洒沥青、石屑或粗砂,稀浆封层处治;或挖除松散部分,重做面层
NYH03120003	麻面处治	m²	1.清扫、喷洒稠度较高的沥青、撒嵌缝料 2.清理现场
NYH03120004	脱皮处治	m²	1.清除已脱落和已松动部分 2.重做上封层或涂刷黏结沥青、重做沥青层或喷洒透层沥青、重做面层
NYH03120005	啃边处治	m²	1.挖除破损部分 2.涂沥青、配料、拌和、运输、摊铺、碾压
NYH03130	变形类病害处治		
NYH03130001	沉陷处治	m²	划线、开槽、清底、熬油、运输、刷油、配料、拌和、摊铺、碾压
NYH03130002	车辙处治	m²	1.切削或刨除面层、清除夹层 2.喷洒或涂沥青、配料、拌和、运输、摊铺、碾压

表 B.6 路面工程(续)

项目编码	项目名称	计量单位	计价工程内容
NYH03130003	波浪处治	m²	铣刨削平凸出部分、喷洒沥青、撒矿料、扫匀、找平、压实;或全部挖除面层、喷洒或涂沥青、配料、拌和、运输、摊铺、碾压
NYH03130004	搓板处治	m²	铣刨削平凸出部分、喷洒沥青、撒矿料、扫匀、找平、压实;或全部挖除面层、喷洒或涂沥青、配料、拌和、运输、摊铺、碾压
NYH03130005	拥包处治	m²	1. 挖除 2. 清扫、撒油、运输、配料、拌和、运输、摊铺、碾压
NYH03140	**其他类病害处治**		
NYH03140001	泛油处治	m²	撒碎石、石屑或粗砂,碾压或挖除、清扫、撒油、运输、配料、拌和、运输、摊铺、碾压
NYH03140002	磨光处治	m²	铣刨或加铺抗滑层(罩面)
NYH03140003	翻浆处治	m²	1. 挖除 2. 清扫、整理下承层,配料、拌和、铺筑、夯实、养护
NYH03140004	胀起处治	m²	1. 挖除 2. 清扫、整理下承层,配料、拌和、铺筑、夯实、养护
NYH03140005	结构物接顺及其他路面维修		
NYH031400050001	砂石路面维修	m²	1. 清扫、整平路面、洒水 2. 配料、拌和、铺筑 3. 清理现场
NYH031400050003	稳定基层维修	m³	1. 挖除、清理 2. 拌和、铺筑、碾压、养护 3. 清理现场
NYH031400050004	结构物接顺处理	m²	1. 铣刨、清扫、洒油、配料、拌和、摊铺、碾压、养护 2. 清理现场
NYH03140006	缘石、侧石、平石维修		
NYH031400060001	刷白	m	1. 清理 2. 配料、刷涂料
NYH031400060002	维修与更换	m	1. 拆除、清理 2. 预制、运输、安装
NYH031400060003	刷白	m²	1. 清理 2. 配料、刷涂料
NYH031400060004	维修与更换	m³	1. 拆除、清理 2. 预制、运输、安装

表 B.6 路面工程(续)

项目编码	项目名称	计量单位	计价工程内容
NYH03150	调平层(垫层)修复或加铺		
NYH03150001	碎石调平层	m³	1. 挖除破损部分 2. 清理下承面、洒水湿润 3. 配运料 4. 摊铺、整形 5. 碾压 6. 养护
NYH03150002	砂砾调平层	m³	
NYH03160	底基层(垫层)修复或加铺		
NYH03160001	级配碎(砾)石底基层		
NYH031600010001	厚200mm	m²	1. 挖除破损部分 2. 清理下承面、洒水湿润 3. 拌和、运输 4. 摊铺、整形 5. 压实 6. 养护
NYH031600010002	每增加或减少10mm	m²	
NYH03160002	水泥稳定碎石底基层		
NYH031600020001	厚200mm	m²	1. 挖除破损部分 2. 清理下承面、洒水湿润 3. 拌和、运输 4. 摊铺、整形 5. 压实 6. 养护
NYH031600020002	每增加或减少10mm	m²	
NHY03160003	级配砂砾底基层		
NHY031600030001	厚200mm	m²	1. 挖除破损部分 2. 清理下承面、洒水湿润 3. 拌和、运输 4. 摊铺、整形 5. 压实 6. 养护
NHY031600030002	每增加或减少10mm	m²	
NYH03170	基层修复或加铺		
NYH03170001	水泥稳定碎(砾)石基层		
NYH031700010001	厚200mm	m²	1. 挖除破损部分 2. 清理下承面、洒水湿润 3. 拌和、运输 4. 摊铺、整形 5. 压实 6. 养护
NYH031700010002	每增加或减少10mm	m²	
NYH03170002	石灰粉煤灰碎(砾)石基层		
NYH031700020001	厚200mm	m²	1. 挖除破损部分 2. 清理下承面、洒水湿润 3. 拌和、运输 4. 摊铺、整形 5. 压实 6. 养护
NYH031700020002	每增加或减少10mm	m²	

表 B.6 路面工程(续)

项目编码	项目名称	计量单位	计价工程内容
NYH03170003	贫混凝土		
NYH031700030001	厚200mm	m²	1. 挖除破损部分 2. 清理下承面、洒水湿润 3. 模板架设和拆除 4. 拌和、运输 5. 摊铺、振捣、抹平 6. 养护
NYH031700030002	每增加或减少10mm	m²	
NYH03170004	水稳基层非开挖注浆加固	m²	1. 配制聚合物灌浆材料 2. 高压注入基层空隙 3. 养护
NYH03170005	沥青就地冷再生		
NYH031700050001	厚100mm	m²	1. 铣刨旧沥青路面 2. 喷入泡沫沥青进行拌和 3. 整平、碾压 4. 养护
NYH031700050002	每增加或减少10mm	m²	
NYH03170006	沥青厂拌冷再生		
NYH031700060001	厚100mm	m²	1. 铣刨旧沥青路面 2. 在固定的专门再生拌和设备上对铣刨材料添加稳定剂,拌和形成成品再生混合料 3. 运输、摊铺、碾压 4. 养护
NYH031700060002	每增加或减少10mm	m²	
NYH03170007	水泥稳定土基层		
NYH031700070001	厚200mm	m²	1. 挖除破损部分 2. 清理下承面、洒水湿润 3. 拌和、运输 4. 摊铺、整形 5. 压实 6. 养护
NYH031700070002	每增加或减少10mm	m²	
NYH03170008	水泥稳定砂砾基层		
NYH031700080001	厚200mm	m²	1. 挖除破损部分 2. 清理下承面、洒水湿润 3. 拌和、运输 4. 摊铺、整形 5. 压实 6. 养护
NYH031700080002	每增加或减少10mm	m²	
NYH03170009	级配砂砾基层		
NYH031700090001	厚200mm	m²	1. 挖除破损部分 2. 清理下承面、洒水湿润 3. 拌和、运输 4. 摊铺、整形 5. 压实 6. 养护
NYH031700090002	每增加或减少10mm	m²	

表 B.6 路 面 工 程(续)

项目编码	项目名称	计量单位	计价工程内容
NYH03180	透层、黏层和封层修复或加铺		
NYH03180001	透层	m²	1.挖除破损部分 2.清理下承面、洒水湿润 3.沥青加热、洒油、撒石屑或粗砂 4.养护
NYH03180002	黏层	m²	
NYH03180003	封层		
NYH031800030001	表处封层	m²	1.挖除破损部分 2.清理下承面、洒水湿润 3.沥青加热、洒油、撒布矿料 4.压实、养护
NYH031800030002	稀浆封层	m²	1.挖除破损部分 2.清理下承面、洒水湿润 3.拌和 4.摊铺、压实 5.养护
NYH031800030003	纤维封层	m²	1.挖除破损部分 2.清理下承面、洒水湿润 3.沥青加热、洒油、撒布纤维(碎石) 4.压实、养护
NYH031800030004	SBS改性沥青碎石封层	m²	1.挖除破损部分 2.清理下承面、洒水湿润 3.沥青加热、洒油、撒布矿料 4.压实、养护
NYH031800030005	乳化沥青同步碎石封层	m²	1.挖除破损部分 2.清理下承面、洒水湿润 3.沥青加热、洒油、撒布矿料 4.压实、养护
NYH031800030006	含砂雾封层	m²	1.挖除破损部分 2.清理下承面、洒水湿润 3.材料配备、喷洒 4.养护
NYH03180004	微表处	m²	1.挖除破损部分 2.清理下承面、洒水湿润 3.拌和、运输、摊铺、压实 4.养护
NYH031800040001	MS-2型	m²	
NYH031800040002	MS-3型	m²	
NYH03190	沥青路面修复或加铺		
NYH03190001	细粒式沥青混凝土		
NYH031900010001	厚40mm	m²	1.挖除破损部分 2.清理下承面、洒水湿润 3.拌和、运输 4.摊铺、整形 5.压实 6.初期养护
NYH031900010002	每增加或减少10mm	m²	

表 B.6 路面工程(续)

项目编码	项目名称	计量单位	计价工程内容
NYH03190002	中粒式沥青混凝土		
NYH031900020001	厚50mm	m²	1.挖除破损部分 2.清理下承面、洒水湿润 3.拌和、运输 4.摊铺、整形 5.压实 6.初期养护
NYH031900020002	每增加或减少10mm	m²	
NYH03190003	粗粒式沥青混凝土		
NYH031900030001	厚60mm	m²	1.挖除破损部分 2.清理下承面、洒水湿润 3.拌和、运输 4.摊铺、整形 5.压实 6.初期养护
NYH031900030002	每增加或减少10mm	m²	
NYH03190004	沥青碎石路面		
NYH031900040001	厚60mm	m²	1.挖除破损部分 2.清理下承面、洒水湿润 3.拌和、运输 4.摊铺、整形 5.压实 6.初期养护
NYH031900040002	每增加或减少10mm	m²	
NYH03190005	桥头加铺		
NYH031900050001	细粒式沥青混凝土	m³	1.清理下承面、洒水湿润 2.拌和、运输 3.摊铺、整形 4.压实 5.初期养护
NYH031900050002	中粒式沥青混凝土	m³	
NYH03190006	超薄磨耗层		
NYH031900060001	SMC超薄磨耗层(厚18mm)	m²	1.挖除破损部分 2.清理下承面、洒水湿润 3.拌和(含各种外掺材料添加)、运输 4.摊铺、整形 5.压实 6.初期养护
NYH03200	沥青表面处治及其他面层修复或加铺		
NYH03200001	沥青表面处治	m²	1.挖除破损部分 2.清理下承面、洒水湿润 3.沥青拌和(加热)、运输 4.摊铺(铺料、洒油)、整形 5.压实 6.初期养护

表 B.6 路 面 工 程(续)

项目编码	项目名称	计量单位	计价工程内容
NYH03200002	沥青贯入式路面	m²	1.挖除破损部分 2.清理下承面、洒水湿润 3.沥青加热、运输 4.铺料、洒油、整形 5.压实 6.初期养护
NYH03200003	泥结碎(砾)石	m²	1.挖除破损部分 2.清理下承面、洒水湿润 3.铺料、整形 4.调浆、灌浆、撒嵌缝料、洒水 5.压实 6.铺保护层
NYH03200004	级配碎(砾)石路面	m²	1.挖除破损部分 2.清理下承面、洒水湿润 3.铺料、整形 4.调浆、灌浆、撒嵌缝料、洒水 5.压实 6.铺保护层
NYH03210	改性沥青混凝土路面修复或加铺		
NYH03210001	细粒式改性沥青混凝土		
NYH032100010001	厚40mm	m²	1.挖除破损部分 2.清理下承面、洒水湿润 3.拌和(含各种外掺材料添加)、运输 4.摊铺、整形 5.压实 6.初期养护
NYH032100010002	每增加或减少10mm	m²	
NYH03210002	中粒式改性沥青混凝土		
NYH032100020001	厚40mm	m²	1.挖除破损部分 2.清理下承面、洒水湿润 3.拌和(含各种外掺材料添加)、运输 4.摊铺、整形 5.压实 6.初期养护
NYH032100020002	每增加或减少10mm	m²	
NYH03210003	SMA面层		
NYH032100030001	厚40mm	m²	1.挖除破损部分 2.清理下承面、洒水湿润 3.拌和(含各种外掺材料添加)、运输 4.摊铺、整形 5.压实 6.初期养护
NYH032100030002	每增加或减少10mm	m²	

表 B.6 路 面 工 程(续)

项目编码	项目名称	计量单位	计价工程内容
NYH03220	透水性沥青混凝土路面修复或加铺		
NYH03220001	细粒式透水性沥青混凝土		
NYH032200010001	厚40mm	m²	1.挖除破损部分 2.清理下承面、洒水湿润 3.拌和(含各种外掺材料添加)、运输 4.摊铺、整形 5.压实 6.初期养护
NYH032200010002	每增加或减少10mm	m²	
NYH03220002	中粒式透水性沥青混凝土		
NYH032200020001	厚50mm	m²	1.挖除破损部分 2.清理下承面、洒水湿润 3.拌和(含各种外掺材料添加)、运输 4.摊铺、整形 5.压实 6.初期养护
NYH032200020002	每增加或减少10mm	m²	
NYH03230	沥青混凝土再生路面		
NYH03230001	冷再生		
NYH032300010001	厚20mm	m²	1.翻挖路面 2.清理下承面、洒水湿润 3.拌和(含再生剂添加)、运输 4.摊铺、整形、压实 5.初期养护
NYH032300010002	每增加或减少10mm	m²	
NYH03230002	热再生		
NYH032300020001	厚40mm	m²	1.铣刨(翻挖)病害路面 2.清理下承面、洒水湿润 3.掺加沥青黏合剂混合、添加部分新集料、再生料重新铺在原来路面上、碾压成形 4.初期养护
NYH032300020002	每增加或减少10mm	m²	
NYH03230003	封边	m	1.封边 2.清理现场
NYH03240	水泥混凝土路面修复		
NYH03240001	破板修复	m²	1.破碎、清除旧混凝土 2.清理下承面、洒水湿润 3.模板架设和拆除 4.拌和、运输 5.摊铺、振捣、抹平或碾压 6.拉杆、传力杆及接缝制作与安装

表 B.6 路 面 工 程(续)

项目编码	项目名称	计量单位	计价工程内容
NYH03240001	破板修复	m²	7.补强及其支架钢筋制作与安装 8.压(刻)纹(槽) 9.切缝、填灌缝 10.养护
NYH03240002	板底灌浆	m³	1.布设灌浆孔 2.清除干净孔中的混凝土碎屑、杂物,并保持干燥 3.灌浆、堵孔 4.养护
NYH03240003	接缝材料更换	m	1.清除旧填缝料和杂物,吹净缝内灰尘 2.加热填缝料或按材料配比配制填缝料 3.灌填缝料 4.养护
NYH03240004	裂缝维修	m²	1.划线、锯缝、破碎和清除旧混凝土、整平基层、配料、拌和、浇筑、捣固、接缝、养护 2.在相邻板块横边的下方暗挖一块面积 3.修复、安设传力杆和拉杆,灌环氧砂浆
NYH03240005	错台处治	m²	磨平、清除缝内杂物、吹净灰尘、填入嵌缝料
NYH03240006	刻纹	m²	1.路面清扫 2.刻纹 3.冲洗
NYH03250	土工合成材料修复或完善		
NYH03250001	土工布	m²	1.下层整平 2.铺设土工材料 3.搭接及锚固或粘贴土工材料
NYH03250002	土工格栅	m²	
NYH03250003	玻纤格栅	m²	
NYH03260	路缘石修复或完善	m	1.拆除破损部分 2.清理下承面、垫层铺设 3.构件预制、运输 4.砌筑、勾缝
NYH03270	混凝土预制块路缘石修复或完善	m³	1.拆除破损部分 2.清理下承面、垫层铺设 3.构件预制、运输 4.砌筑、勾缝
NYH03280	大理石路缘石修复或完善	m³	1.拆除破损部分 2.清理下承面、垫层铺设 3.构件预制、运输 4.砌筑、勾缝

81

表 B.6 路面工程(续)

项目编码	项目名称	计量单位	计价工程内容
NYH03290	过水路面修复或完善		
NYH03290001	C30混凝土面层	m³	1.挖(凿)破损混凝土、周边凿毛、冲洗、配料、拌和、填筑、捣固、养护 2.拉杆、传力杆、接缝、补强钢筋及其支架钢筋制作与安装 3.压(刻)纹(槽) 4.清理现场
NYH03290002	钢筋	kg	1.钢筋的保护、储存及除锈 2.钢筋整直、接头 3.钢筋截断、弯曲 4.钢筋安设、支承及固定 5.清理现场
NYH03290003	M10浆砌片石路面底层	m³	1.拆除破损部分 2.基坑开挖整形 3.片石准备、铺设垫层、砌筑、勾缝、养护 4.清理现场

B.2.5 第400章 桥梁、涵洞

B.2.5.1 一般规定

B.2.5.1.1 本章为桥梁、涵洞,主要包括桥面系修复、桥梁加固、桥梁支座的维修与更换、墩台基础加固、墩台加固、锥坡、翼墙维修加固及其他设施修复、涵洞的维修等内容。

B.2.5.1.2 本章所列工程项目涉及的养护、场地清理、废方弃运堆放、吊装设备、拱盔、挂篮、支架、工作平台、脚手架的搭设及拆除、模板的安装及拆除,均包括在相应工程项目内,不另行计量。

B.2.5.1.3 混凝土拌和场站、构件预制场、储料场的建设、拆除、恢复,安装架设、设备摊销、预应力张拉台座的设置及拆除均包括在相应工程项目中,不另行计量。

B.2.5.1.4 桥面系修复包括梁板更换、桥面铺装、排水设施、人行道、栏杆、护栏、防撞墙、桥上照明设施修理、伸缩装置更换、桥头搭板、枕梁等桥面系养护工程。

B.2.5.1.5 桥梁加固包括钢筋(预应力)混凝土梁桥、拱桥、钢桥、钢-混凝土组合梁桥、斜拉桥、悬索桥(吊桥)等桥梁上部结构加固以及桥梁抗震加固,其中钢-混凝土组合梁桥的钢结构部分加固,已列入钢桥的加固中,未单独列出。

B.2.5.1.6 墩台修复包括墩台基础、墩台、锥坡、翼墙的修复和加固。

B.2.5.1.7 涵洞的维修包括地基处理、涵洞进、出水口处理、基础处理、侧墙和翼墙、涵洞的接长、涵洞的加固、涵洞的重建等维修加固工程内容。

B.2.5.2 计价规则

农村公路养护工程工程量清单项目设置及计价工程内容涉及桥梁、涵洞工程部分,应按表B.7的规定执行。

表 B.7 桥梁、涵洞工程

项目编码	项目名称	计量单位	计价工程内容
NYH04100	桥面系修复		
NYH04100001	桥面铺装修复		
NYH041000010001	凿除	m³	1.凿除前原有交通、排水等相关内容的妥善处理 2.凿除、装卸、运输和定点堆放
NYH041000010002	重新铺装	m²	1.清理下承面、洒水湿润 2.修复防水层 3.模板架设和拆除 4.拌和、运输 5.摊铺、振捣、抹平或碾压 6.拉杆、传力杆及接缝制作与安装 7.压(刻)纹(槽) 8.养护
NYH041000010003	防水层重铺或增设	m²	1.桥面清洗 2.防水黏结层喷涂 3.防水层铺设
NYH041000010004	水泥混凝土桥面	m²	1.挖(凿)破损混凝土、周边凿毛、冲洗、配料、拌和、填筑、捣固、养护 2.拉杆、传力杆、接缝、补强钢筋及其支架钢筋制作与安装 3.压(刻)纹(槽)
NYH041000010005	沥青混凝土桥面	m²	1.清除脱落和破损部分或铣刨、废料外运、清扫 2.配料、拌和、运输、摊铺、碾压、养护 3.清理现场
NYH04100002	排水设施修复或完善		
NYH041000020001	泄水管	套	1.疏通、拆除破损部分 2.清理干净 3.局部更换
NYH041000020002	排水槽	m	1.疏通、拆除破损部分 2.清理干净 3.局部更换
NYH04100003	人行道、栏杆、护栏、防撞墙修复		
NYH041000030001	人行道	m	1.凿除、废弃 2.拌和、运输 3.混凝土浇筑
NYH041000030002	栏杆	m	
NYH041000030003	护栏	m	
NYH041000030004	防撞墙	m	

表 B.7 桥梁、涵洞工程(续)

项目编码	项目名称	计量单位	计价工程内容
NYH041000030005	现浇混凝土防撞墙	m³	1.凿除、废弃 2.拌和、运输 3.混凝土浇筑
NYH041000030006	铺设人行道砖	m²	1.拆除原人行道砖 2.铺设垫层 3.预制、安装人行道砖
NYH04100004	桥上照明设施修理	座	1.拆除、废弃 2.重新安装
NYH04100005	伸缩装置更换(按伸缩结构类型和伸缩量)		
NYH041000050001	模数式伸缩缝伸缩量40mm	m	1.凿除、清除、废弃 2.制作与安装伸缩缝及橡胶止水片、沥青类等接缝材料 3.伸缩槽口混凝土浇筑(含钢筋)
NYH041000050002	模数式伸缩缝伸缩量60mm	m	
NYH041000050003	模数式伸缩缝伸缩量80mm	m	
NYH041000050004	模数式伸缩缝伸缩量160mm	m	
NYH041000050005	模数式伸缩缝伸缩量240mm	m	
NYH04100006	桥头搭板、枕梁修复		
NYH041000060001	搭板	m³	1.凿除、清除、废弃 2.铺设垫层 3.现场浇筑或预制安装构件
NYH041000060002	枕梁	m³	
NYH04110	钢筋(预应力)混凝土梁桥加固		
NYH04110001	钢筋混凝土加大截面		
NYH041100010001	钢筋	kg	制作、安装
NYH041100010002	混凝土	m³	1.施工防(排)水、基坑处理 2.混凝土浇筑、养护
NYH04110002	植筋	kg	定位、钻孔、清孔、注胶、植筋
NYH04110003	粘贴钢板	kg	1.整平(被)贴面 2.制作、粘贴钢板
NYH04110004	粘贴碳纤维、特种玻璃纤维(单层)	m²	1.整平(被)贴面 2.纤维复合材料裁剪下料 3.底胶、找平胶、浸渍胶、碳纤维板黏结胶涂刷以及纤维复合材料粘贴 4.检查、补涂、防护
NYH04110005	预应力加固		
NYH041100050001	穿钢束进行张拉	kg	1.制作、安装预应力钢材 2.安装锚具、锚板 3.张拉、压浆、封锚
NYH041100050002	增加体外束进行张拉	kg	
NYH041100050003	竖向预应力加固	kg	
NYH041100050004	原钢束重新张拉	kg	1.张拉 2.重新压浆

表 B.7 桥梁、涵洞工程(续)

项目编码	项目名称	计量单位	计价工程内容
NYH04110006	改变梁体截面形式	m^3	1.支架(含基础处理、预压)及模板制作、安装、拆除 2.钢筋制作、安装 3.混凝土浇筑、养护
NYH04110007	横隔板增加	m^3	
NYH04110008	简支变连续	m^3	
NYH04110009	主梁更换	m^3	1.拆除原主梁 2.现浇主梁或预制、安装主梁 3.钢筋制作、安装 4.养护
NYH04120	**拱桥加固**		
NYH04120001	主拱圈强度不足、拱腹面加固		
NYH041200010001	粘贴钢板	kg	1.整平(被)贴面 2.制作、粘贴钢板
NYH041200010002	浇筑钢筋混凝土	m^3	1.支架(含基础处理、预压)及模板制作、安装、拆除 2.钢筋制作、安装 3.混凝土浇筑、养护
NYH041200010003	布设钢筋网喷射混凝土	m^2	1.支架(含基础处理、预压)及模板制作、安装、拆除 2.喷射混凝土或砂浆、养护
NYH041200010004	布设钢筋网喷射水泥砂浆	m^2	
NYH041200010005	拱肋间加底板	m^3	1.支架(含基础处理、预压)及模板制作、安装、拆除 2.钢筋制作、安装 3.混凝土浇筑、养护
NYH041200010006	腹面用衬拱	m^3	
NYH04120002	主拱圈强度不足、拱背面加固		
NYH041200020001	钢筋	kg	制作、安装
NYH041200020002	混凝土	m^3	1.支架(含基础处理、预压)及模板制作、安装、拆除 2.混凝土浇筑、养护
NYH04120003	拱肋、拱上立柱、纵横梁、钢架拱、刚架拱的杆件损坏加固		
NYH041200030001	粘贴钢板	kg	制作、粘贴
NYH041200030002	粘贴复合纤维片材	m^2	制作、粘贴
NYH04120004	桁架拱、刚架拱及拱上框架的节点加固		
NYH041200040001	粘贴钢板	kg	制作、粘贴
NYH041200040002	粘复合纤维片材	m^2	制作、粘贴
NYH04120005	拱圈的环向连接加固		
NYH041200050001	剪力键嵌入	m	1.支架(含基础处理、预压)及模板制作、安装、拆除 2.嵌入 3.环氧砂浆拌和、灌入、养护

表 B.7 桥梁、涵洞工程（续）

项目编码	项目名称	计量单位	计价工程内容
NYH04120006	拱肋之间的横向连接加强		
NYH041200060001	钢筋	kg	制作、安装
NYH041200060002	混凝土	m³	1.支架（含基础处理、预压）及模板制作、安装、拆除 2.混凝土浇筑、养护
NYH04120007	锈蚀、断丝或滑丝的吊杆更换	m	1.支架（含基础处理、预压）制作、安装、拆除 2.拆除、安装吊杆
NYH04120008	钢管混凝土拱肋拱脚区段或其他构件加固		
NYH041200080001	包裹钢筋混凝土	m³	1.支架（含基础处理、预压）及模板制作、安装、拆除 2.钢筋制作、安装 3.混凝土浇筑、养护
NYH041200080002	钢管混凝土拱脱空注浆	m³	1.支架（含基础处理、预压）及模板制作、安装、拆除 2.注浆 3.养护
NYH04120009	改变结构体系改善结构受力		
NYH041200090001	拉杆加设	m	1.支架（含基础处理、预压）制作、安装、拆除 2.拉杆制作、安装
NYH04120010	拱上建筑更换	m³	1.原拱上建筑挖、装、运、卸 2.新材料回填
NYH04120011	桥面加固		
NYH041200110001	桥面板更换	m³	1.拆除原桥面板 2.预制、安装桥面板
NYH041200110002	钢筋网增加	m	制作、安装
NYH041200110003	加厚桥面铺装	m³	1.清理原桥面、洒水湿润 2.模板架设和拆除 3.拌和、运输 4.摊铺、振捣、抹平（碾压） 5.拉杆、传力杆及接缝的制作、安装 6.压(刻)纹(槽) 7.切缝、填灌缝 8.养护
NYH041200110004	换用钢纤维混凝土	m³	1.凿除原桥面 2.清理下承面、洒水湿润

表 B.7 桥梁、涵洞工程(续)

项目编码	项目名称	计量单位	计价工程内容
NYH041200110004	换用钢纤维混凝土	m^3	3. 模板架设和拆除 4. 拌和、运输 5. 摊铺、振捣、抹平或碾压 6. 拉杆、传力杆及接缝的制作、安装 7. 压(刻)纹(槽) 8. 切缝、填灌缝 9. 养护
NYH04120012	墩、台变位引起拱圈开裂加固		
NYH041200120001	拱圈修补	m^2	修补拱圈裂缝
NYH04130	钢桥加固		
NYH04130001	杆件加固		
NYH041300010001	钢板补贴	kg	1. 锉平钢板边缘 2. 制作、补贴 3. 装卸、运输、吊装
NYH041300010002	钢夹板夹紧并铆接加固	kg	1. 锉平钢板边缘 2. 制作、夹紧、铆接 3. 装卸、运输、吊装
NYH041300010003	水平加劲肋、竖向加劲肋增设	kg	1. 制作、吊装、安装 2. 装卸、运输、吊装
NYH041300010004	新钢板、角钢或槽钢补加	kg	1. 制作、拴接、铆接或焊接 2. 装卸、运输、吊装
NYH041300010005	加劲杆件加设	kg	1. 制作、吊装、安装 2. 装卸、运输、吊装
NYH041300010006	短角钢加设	kg	1. 制作、拴接、铆接或焊接 2. 装卸、运输、吊装
NYH04130002	恢复和提高整桥承载力		
NYH041300020001	补充钢梁增设	kg	1. 构件预测 2. 吊装、拼接件的制作、安装 3. 防腐处理 4. 构件装卸、运输、吊装
NYH041300020002	加劲梁增设	kg	
NYH041300020003	拱式桁架结构增设	kg	
NYH041300020004	悬索结构增设	kg	
NYH041300020005	竖杆及必要斜杆增设	kg	
NYH041300020006	体外预应力增设	kg	1. 制作与安装管道、预应力钢材 2. 安装锚具、锚板 3. 张拉 4. 防锈
NYH04140	钢-混凝土组合梁桥加固		
NYH04140001	钢筋混凝土桥面板加固		
NYH041400010001	高强度等级微膨胀混凝土填补	m^3	1. 模板制作、安装、拆除 2. 混凝土浇筑、养护

87

表 B.7 桥梁、涵洞工程(续)

项目编码	项目名称	计量单位	计价工程内容
NYH041400010002	重新浇筑混凝土桥面板	m³	1.拆除旧桥面 2.临时支架制作、安装、拆除 3.使钢梁产生反拱 4.模板制作、安装、拆除 5.钢筋或钢筋网制作、安装 6.混凝土浇筑、养护
NYH041400010003	预制板更换	m³	1.拆除旧桥面 2.支架、模板的制作、安装、拆除 3.钢筋制作、安装,混凝土(含接缝混凝土)浇筑、养护 4.临时预压应力施工、释放
NYH041400010004	剪力键增设	m	1.支架(含基础处理、预压)及模板制作、安装、拆除 2.增设 3.环氧砂浆拌和、灌入、养护
NYH04150	桥梁支座的维修与更换		
NYH04150001	桥梁支座的维修	个	1.维修 2.清理现场
NYH04150002	桥梁支座更换	个	1.更换 2.清理现场
NYH04150003	桥梁支座增设	个	1.安装(含附属工程及钢板等附件) 2.清理现场
NYH04150004	更换橡胶支座	dm³	1.更换 2.清理现场
NYH04160	墩台基础加固		
NYH04160001	重力式基础加固		
NYH041600010001	连接钢筋增设	kg	1.旧基础表面刷洗干净、凿毛 2.钢筋或钢销制作、安装
NYH041600010002	连接钢销增设	kg	
NYH041600010003	浇筑混凝土扩大原基础	m³	1.施工防、排水,基坑处理 2.模板制作、安装、拆除 3.混凝土浇筑、养护
NYH041600010004	新的扩大基础增设	m³	1.施工防、排水,基坑处理 2.模板制作、安装、拆除 3.混凝土浇筑(砌筑)、养护
NYH041600010005	钢筋混凝土实体耳墙增设	m³	1.支架、模板、劲性骨架制作、安装及拆除 2.钢筋、钢材制作及安装 3.混凝土现场浇筑或预制安装 4.养护

表 B.7 桥梁、涵洞工程(续)

项目编码	项目名称	计量单位	计价工程内容
NYH04160002	桩基础加固		
NYH041600020001	扩大桩径	m^3	1. 安设护筒及平台 2. 保护原结构 3. 安拆钻机 4. 通风、排水 5. 设置支撑和护壁 6. 钢筋制作、安装,混凝土制拌、运输、浇筑、养护 7. 观察原结构沉降、位移
NYH041600020002	桩基灌(压)浆	m^3	1. 排水 2. 灌(压)浆养护
NYH041600020003	加桩	m^3	1. 设置支撑和护壁 2. 挖孔、清孔、排水 3. 钢筋制作、安装,混凝土制拌、运输、浇筑、养护 4. 桩头处理
NYH041600020004	扩大承台	m^3	1. 套箱或模板制作、安装、拆除 2. 封底混凝土浇筑 3. 结构混凝土浇筑、养护
NYH04160003	人工地基加固		
NYH041600030001	地基注浆	m^3	1. 钻孔 2. 制备水泥浆 3. 清孔、插拔注浆管、压浆 4. 清理现场
NYH041600030002	地基旋喷注浆	m^3	1. 钻孔 2. 喷射装置就位、喷射注浆、移位 3. 泥浆池清理 4. 清理现场
NYH041600030003	地基深层搅拌	m^3	1. 钻进搅拌、提钻并喷粉搅拌、复拌 2. 移位 3. 清理现场
NYH04160004	基础防护加固		
NYH041600040001	灌注水下混凝土填补冲空部分	m^3	灌注水下混凝土
NYH041600040002	混凝土填补冲空部分	m^3	1. 施工防、排水 2. 清除岩层严重风化部分 3. 混凝土浇筑
NYH041600040003	编织袋装干硬性混凝土填补冲空部分	m^3	1. 编织袋装干硬性混凝土 2. 潜水 3. 分层填塞

表 B.7 桥梁、涵洞工程(续)

项目编码	项目名称	计量单位	计价工程内容
NYH041600040004	水泥砂浆防护	m³	水泥砂浆拌和、浇筑
NYH041600040005	新的调治构造物增设	m³	1. 施工防、排水 2. 挖基、基底清理、垫层铺设 3. 砌筑、勾缝 4. 基坑回填、夯实
NYH04160005	基础平面防护加固		
NYH041600050001	打梅花桩	m³	1. 打梅花桩 2. 块(片)石砌平卡紧梅花桩
NYH041600050002	抛石防护	m³	1. 运石 2. 抛石
NYH041600050003	水泥混凝土板、水泥预制块	m³	混凝土现浇或预制安装
NYH041600050004	铁丝笼	m³	1. 编铁丝笼或竹笼 2. 安设、填石
NYH041600050006	新的调治构造物增设	座	1. 施工防、排水 2. 挖基、基底清理、垫层铺设 3. 砌筑、勾缝 4. 基坑回填、夯实
NYH04160006	基础沉降、滑移、倾斜加固		
NYH041600060001	台背填料换填	m³	1. 原台背填料挖、装、运、卸 2. 新材料回填
NYH041600060002	钢筋混凝土支撑梁增设	m³	1. 支架、模板、劲性骨架的制作、安装及拆除 2. 钢筋制作、安装 3. 混凝土现场浇筑或预制安装 4. 养护
NYH041600060003	浆砌片石支撑板增设	m³	砌筑
NYH041600060004	挡墙、支撑杆、挡块增设	m³	1. 支架、模板、劲性骨架的制作、安装及拆除 2. 钢筋制作、安装 3. 混凝土现场浇筑或砌筑 4. 养护
NYH041600060005	翼墙加厚、增设	m³	
NYH041600060006	拉杆增设	m	1. 支架(含基础处理、预压)制作、安装、拆除 2. 拉杆制作、安装
NYH041600060007	上部结构调整或顶升	孔	调整、顶升
NYH041600060008	垫块增设	m³	1. 支架、模板、劲性骨架的制作、安装及拆除 2. 钢筋、钢材的制作、安装

表 B.7 桥梁、涵洞工程(续)

项目编码	项目名称	计量单位	计价工程内容
NYH041600060009	盖梁加厚	m³	1. 混凝土现场浇筑或预制安装 2. 支座调整 3. 养护
NYH041600060010	拱轴线顶推、调整	座	顶推、调整
NYH041600060011	梁板顶升(端)	片	1. 设顶升梁装置 2. 设临时支架 3. 顶升梁体和落梁 4. 拆除临时支架
NYH04170	**墩台加固**		
NYH04170001	裂缝加固		
NYH041700010001	钢筋混凝土围带增设	m³	1. 模板制作、安装、拆除 2. 钢筋制作、安装 3. 混凝土现场浇筑 4. 养护
NYH041700010002	粘贴钢板箍	m	1. 整平(被)贴面 2. 制作、粘贴钢板
NYH041700010003	加大墩台截面	m³	1. 模板制作、安装、拆除 2. 钢筋制作、安装 3. 混凝土现场浇筑或砌筑 4. 养护
NYH041700010004	灌缝	m	灌缝
NYH04170002	倾斜加固		
NYH041700020001	钢拉杆加设	m	1. 支架(含基础处理、预压)制作、安装、拆除 2. 制作、安装
NYH04170003	破损加固		
NYH041700030001	钢筋混凝土箍套增设	m³	1. 模板制作、安装、拆除 2. 钢筋制作、安装 3. 混凝土现场浇筑 4. 养护
NYH041700030002	包裹碳纤维片材	m²	包裹
NYH04170004	墩台增设		
NYH041700040001	台身增设	m³	1. 支架、模板、劲性骨架的制作、安装及拆除 2. 钢筋、钢材的制作、安装 3. 混凝土现场浇筑或预制安装 4. 养护
NYH041700040002	墩柱、墩身增设	m³	
NYH041700040003	新盖梁浇筑	m³	

表 B.7 桥梁、涵洞工程(续)

项目编码	项目名称	计量单位	计价工程内容
NYH04170005	锥坡、翼墙维修加固		
NYH041700050001	锥坡	m³	1. 模板制作、安装及拆除 2. 钢筋制作、安装 3. 混凝土现场浇筑或砌筑 4. 养护
NYH041700050002	翼墙	m³	
NYH04180	桥梁抗震加固		
NYH04180001	梁桥防止顺桥向(纵向)落梁的抗震加固		
NYH041800010001	桥台胸墙抗震加固	m³	1. 加固或重做钢筋混凝土胸墙 2. 填塞缓冲材料 3. 制作、安装防落梁装置
NYH041800010002	挡块增设	m³	1. 支架、模板、劲性骨架的制作、安装及拆除 2. 钢筋、钢材、锚栓的制作、安装 3. 混凝土现场浇筑或预制安装 4. 养护
NYH041800010003	主梁(板)固定	处	1. 卡架固定,填塞弹性材料 2. 钻孔、螺栓固定、填环氧砂浆、填弹性材料 3. 钻孔、螺栓固定、设置联结钢板 4. 养护
NYH041800010004	主梁连成整体	处	1. 增设横向钢拉杆或增设钢筋混凝土横隔板 2. 制作、安装防落梁装置 3. 螺栓、钢板或其他钢构件连接端隔板、梁端与胸墙 4. 养护
NYH04180002	梁桥防止横向落梁的抗震加固		
NYH041800020001	横向挡块增设	m³	1. 钻孔、埋入锚筋、浇筑钢筋混凝土 2. 养护
NYH041800020002	横向挡杆、钢拉杆增设	m	1. 制作与埋设短角钢、钢轨、槽钢 2. 制作、安装钢拉杆
NYH041800020003	主梁固定	处	1. 制作、安装、固定三角形钢支架 2. 制作、埋设钢锚栓 3. 填塞垫木
NYH041800020004	桥面改造	m²	1. 制作、安装钢筋网 2. 铺设防水层 3. 混凝土浇筑 4. 桥面处理 5. 养护

表 B.7 桥梁、涵洞工程(续)

项目编码	项目名称	计量单位	计价工程内容
NYH041800020005	增设横隔板	m³	1.支架、模板、劲性骨架的制作、安装及拆除 2.钢筋、钢材等制作、安装 3.混凝土现场浇筑或预制安装 4.养护
NYH04180003	防止支座破坏的梁桥抗震加固		
NYH041800030001	支座挡块增设	m³	1.支架、模板、劲性骨架的制作、安装及拆除 2.钢筋、钢材的制作、安装 3.混凝土现场浇筑或预制安装 4.养护
NYH041800030002	连接钢筋增设	m	制作、安装
NYH04180004	桥墩抗震加固		
NYH041800040001	横(斜)撑增设	m	1.制作、安装槽钢或角钢 2.螺栓拧紧或焊接
NYH041800040002	钢套管增设	m	1.柱打毛、冲洗、填水泥砂浆或小石子混凝土 2.制作、安装钢套管
NYH041800040003	抗震墩增设	m³	1.制作、安装钢筋 2.混凝土现场浇筑 3.养护
NYH041800040004	桥墩断面加大	m³	1.凿毛、洗净 2.制作、植入连接钢筋 3.混凝土现浇 4.养护
NYH041800040005	套箍增设	m³	1.模板制作、安装及拆除 2.钢筋制作、安装 3.混凝土现场浇筑 4.养护
NYH04180005	桥台抗震加固		
NYH041800050001	围裙加筑	m³	1.模板制作、安装及拆除 2.钢筋制作、安装 3.混凝土现场浇筑 4.养护
NYH041800050002	挡墙增设	m³	1.施工防、排水 2.挖基、基底清理、垫层铺设 3.钢筋制作、安装及混凝土浇筑(砌筑、勾缝)、养护 4.铺设滤水层,制作、安装沉降缝、伸缩缝、泄水孔 5.基坑及墙背回填

表 B.7 桥梁、涵洞工程(续)

项目编码	项目名称	计量单位	计价工程内容
NYH041800050003	扶壁或斜撑修筑	m³	1. 模板制作、安装及拆除 2. 钢筋制作、安装 3. 混凝土现场浇筑 4. 养护
NYH041800050004	桥台形式调整	座	1. 模板制作、安装及拆除 2. 钢筋制作、安装 3. 混凝土现场浇筑或砌筑 4. 养护
NYH041800050005	拱抽线顶推调整	座	顶推、调整
NYH04180006	基础、地基抗震加固		
NYH041800060001	水泥浆灌注法	m³	1. 钻孔、放入注射管、压浆 2. 配制水泥浆
NYH041800060002	旋喷灌浆法	m³	1. 钻具送至土层中预定深度、射入水泥浆、高压喷嘴 2. 浆液与土体搅拌混合形成胶糊柱体 3. 配制水泥浆
NYH041800060003	硅化法	m³	水玻璃注入土中、注进氯化钙溶液、产生硅胶或水玻璃和磷酸溶液的混合液压入土中、产生硅胶
NYH04180007	盖梁、承台抗震加固		
NYH041800070001	加大截面	m³	1. 凿毛、洗净 2. 制作、植入连接钢筋 3. 混凝土现浇 4. 养护
NYH041800070002	施加预应力	m	1. 制作及安装管道、预应力钢材 2. 安装锚具、锚板 3. 张拉 4. 防锈
NYH04180008	其他设施修复	处	
NYH04180009	抛石处理	m³	1. 人工装、运、卸、抛投、整平 2. 石料运输、抛石、整平
NYH04190	涵洞的维修		
NYH04190001	地基处理	m³	
NYH04190002	基础处理		
NYH041900020001	重建基础	m³	挖基、重建基础
NYH041900020002	压浆加固基础	道	压浆

表 B.7 桥梁、涵洞工程(续)

项目编码	项目名称	计量单位	计价工程内容
NYH04190003	侧墙和翼墙维修	m³	更换透水性好的填土并夯实或修理(或加固)基础
NYH04190004	涵洞加固		
NYH041900040001	混凝土	m³	1. 挖开填土 2. 混凝土浇筑(含钢筋)、养护 3. 加大原涵洞断面 4. 回填
NYH041900040002	钢筋混凝土	m³	
NYH041900040003	混凝土预制块衬砌	m³	涵内现浇或预制安装衬砌(含钢筋)
NYH041900040004	钢筋混凝土预制块衬砌	m³	
NYH041900040005	现浇衬砌	m³	
NYH04190005	重建或新增		
NYH041900050001	圆管涵及倒虹吸管涵		
NYH0419000500010001	钢筋混凝土圆管涵(1~0.75m)	m	1. 基坑排水 2. 挖基、基底清理 3. 基座砌筑或浇筑 4. 垫层材料铺筑 5. 钢筋制作、安装 6. 预制或现浇钢筋混凝土管 7. 铺涂防水层 8. 安装、接缝 9. 砌筑进出口(端墙、翼墙、八字墙井口) 10. 防水、防冻、防腐措施 11. 回填
NYH0419000500010002	钢筋混凝土圆管涵(1~1.0m)	m	
NYH0419000500010003	钢筋混凝土圆管涵(1~1.5m)	m	
NYH0419000500010004	钢管涵(1~0.5m)	m	1. 基坑排水 2. 挖基、基底清理 3. 基座砌筑或浇筑 4. 垫层材料铺筑 5. 制备钢管 6. 安装、接缝处理 7. 砌筑进出口(端墙、翼墙、八字墙井口) 8. 防水、防冻、防腐措施 9. 回填
NYH041900050002	盖板涵、箱涵		
NYH0419000500020001	钢筋混凝土盖板涵(1~1.5m)	m	1. 基坑排水 2. 挖基、基底清理 3. 基座砌筑或浇筑 4. 垫层材料铺筑 5. 钢筋制作、安装 6. 盖板预制、运输、安装 7. 铺涂防水层 8. 砂浆制作、填缝
NYH0419000500020002	钢筋混凝土盖板涵(1~2.0m)	m	
NYH0419000500020003	钢筋混凝土盖板涵(1~2.5m)	m	
NYH0419000500020004	钢筋混凝土盖板涵(1~3.0m)	m	

表 B.7 桥梁、涵洞工程(续)

项目编码	项目名称	计量单位	计价工程内容
NYH0419000500020005	钢筋混凝土盖板涵(1～3.5m)	m	9.砌筑进出口(端墙、翼墙、八字墙井口) 10.防水、防冻、防腐措施 11.回填
NYH0419000500020006	钢筋混凝土盖板涵(1～4.0m)	m	
NYH04190006	涵板更换		
NYH041900060001	钢筋混凝土明板涵(1～1.5m)更换盖板	m	1.场地清理 2.拆除破损盖板 3.盖板预制、运输、安装 4.砂浆制作、填缝 5.防水、防冻、防腐措施 6.回填
NYH04190007	涵洞接长		
NYH041900070001	钢筋混凝土圆管涵(1～1.0m)	m	1.基坑排水 2.挖基、基底清理 3.基座砌筑或浇筑 4.垫层材料铺筑 5.钢筋制作、安装 6.预制或现浇钢筋混凝土管 7.铺涂防水层 8.安装、接缝 9.砌筑进出口(端墙、翼墙、八字墙井口) 10.防水、防冻、防腐措施 11.回填
NYH041900070002	钢筋混凝土盖板涵(1～1.5m)	m	1.基坑排水 2.挖基、基底清理 3.基座砌筑或浇筑 4.垫层材料铺筑 5.钢筋制作、安装 6.盖板预制、运输、安装 7.铺涂防水层 8.砂浆制作、填缝 9.砌筑进出口(端墙、翼墙、八字墙井口) 10.防水、防冻、防腐措施 11.回填
NYH041900070003	钢筋混凝土盖板涵(1～4.0m)	m	
NYH04190008	顶推法施工涵洞		
NYH041900080001	圆管涵(1～1.5m)	m	1.场地清理 2.涵洞制备 3.顶推 4.清理现场
NYH04190009	线外涵		

表 B.7 桥梁、涵洞工程(续)

项目编码	项目名称	计量单位	计价工程内容
NYH041900090001	钢筋混凝土圆管涵(1~0.5m)	m	1. 基坑排水 2. 挖基、基底清理 3. 基座砌筑或浇筑 4. 垫层材料铺筑 5. 钢筋制作、安装 6. 预制或现浇钢筋混凝土管 7. 铺涂防水层 8. 安装、接缝 9. 砌筑进出口(端墙、翼墙、八字墙井口) 10. 防水、防冻、防腐措施 11. 回填

B.2.6 第500章 隧道

B.2.6.1 一般规定

B.2.6.1.1 本章为隧道，主要包括洞口与明洞工程维修、洞身维修以及路面、人行和车行横洞、排水设施、吊顶和内装、人行道或检修道维修等内容。

B.2.6.1.2 洞口与明洞工程维修包括清除洞口的危石及浮土、洞口坡面防护、洞门建筑、明洞衬砌裂纹、剥离、剥落、偏压明洞挡墙、遮光棚(板)维修及其他有关作业。其中，弃方运距不分免费运距和超运距，弃土场由图纸规定、业主(建设单位)指定或承包人自行调查确定，不论运输远近，运距费用全部计入相关细目中，不另计超运距运费，但若无特殊规定，弃土场用地费用应另行计量。

B.2.6.1.3 洞身维修包括无衬砌隧道的碎裂、松动岩石和危石的处理、无衬砌隧道围岩的渗漏水、无衬砌隧道新增衬砌、无衬砌隧道新增喷浆、衬砌裂纹、剥离、剥落、衬砌的渗漏水等有关作业。其中，开挖土石方的弃渣，依据 B.2.6.1.2 款执行。

B.2.6.1.4 排水设施包括中心排水沟维修与新建、两侧排水沟维修与新建、洞外排水设施施工和维修等有关作业。

B.2.6.1.5 吊顶和内装包括洞内防火涂料、洞内防火板和洞内装饰工程(镶贴瓷砖)以及喷涂混凝土专用漆等有关工程的维修作业。

B.2.6.1.6 风水电作业及通风防尘包括隧道施工中的供风、供水、供电、照明以及施工中的通风、防尘等不可缺少的附属设施和作业，均应包括在本章各节有关工程细目报价中，不另行计量。

B.2.6.1.7 场地布置，核对图纸、补充调查、编制施工组织设计、试验检测、施工测量、环境保护、安全措施、施工防排水、围岩类别划分及照明、通风、消防等设备、设施预埋构件设置与保护，所有准备工作和施工中应采取的措施均为各节、各细目工程的附属工作，不另行计量。

B.2.6.1.8 隧道铭牌、模板装拆、钢筋除锈、拱盔、支架、脚手架搭拆、养护清场等工作均为各细目的附属工作，不另行计量。

B.2.6.1.9 连接钢板、螺栓、螺母、拉杆、垫圈等作为钢支护的附属构件，不另行计量。

B.2.6.1.10 混凝土拌和场站、储料场的建设、拆除、恢复均包括在相应工程项目中，不另行计量。

B.2.6.2 计价规则

农村公路养护工程工程量清单项目设置及计价工程内容涉及隧道工程部分，应按表 B.8 的规定执行。

表 B.8 隧道工程(暂无)。

如有隧道养护,工程量清单及计价规则按《农村公路养护预算编制办法》(JTG/T 5640—2020)执行。

B.2.7 第600章 交通工程及沿线设施

B.2.7.1 一般规定

B.2.7.1.1 本章为交通工程及沿线设施,主要包括交通安全设施清洁与维护,如护栏、隔离栅(护网)、道路交通标志、道路交通标线、防眩设施、其他设施等。

B.2.7.1.2 护栏维修包括连续式墙式护栏、间断式墙式护栏、波形护栏、缆索护栏、活动式护栏等的拆除、修复、调整、安装及有关作业。其中,护栏地基填筑、垫层材料、砌筑砂浆、嵌缝材料、油漆涂料、反光膜以及混凝土中的钢筋、钢缆索护栏的封头混凝土等均不另行计量。

B.2.7.1.3 道路交通标志包括警示桩、防撞墩、各式道路交通标志、界碑及里程碑等的拆除、修复、安装及有关施工作业。不同类型标志以不同形状、尺寸、反光等级设置工程细目,并按板面面积由大到小依次排列。所有支承结构、底座、硬件和为完成组装所需要的附件,均附属于各有关标志工程细目内,不另行计量。

B.2.7.1.4 道路交通标线包括喷涂路面标线,拆除和安装减速带,安装突起路标、轮廓标、立面标记、隆声带等有关修复作业。其中,震动标线、防滑标线、水性反光标线等特殊路面标线和隆声带按区域面积(以设计特殊标线前、后、左、右四侧的最外缘涂敷点或线连接成的顺中心线方向矩形面积)计算数量,其他路面标线按涂敷实际面积计算数量;路面标线玻璃珠包含在涂敷面积内,附着式轮廓标的后底座、支架连接件,均不另行计量。

B.2.7.1.5 防眩设施包括防眩板及防眩网等的拆除、安装及有关维修作业。其他设施包括太阳能警示设施、信号设施等有关维修作业。所需的预埋件、连接件、立柱基础混凝土及钢构件的焊接,均作为附属工作,不另行计量。

B.2.7.1.6 本章项目未明确指出的工程内容,如场地清理、废方弃运、场地运输等均已包含在相应的工程项目中,不另行计量。

B.2.7.2 计价规则

农村公路养护工程工程量清单项目设置及计价工程内容涉及交通工程及沿线设施部分,应按表 B.9 的规定执行。

表 B.9 交通工程及沿线设施

项目编码	项目名称	计量单位	计价工程内容
NYH06100	墙式护栏维修		
NYH06100001	拆除	m	1.拆除、清底、废弃 2.清理现场
NYH06100002	修复	m	1.修复破损部分 2.清理现场
NYH06100003	新增	m	1.挖基、基底处理 2.钢筋制作、安装 3.现浇或预制安装混凝土(含预埋件) 4.伸缩缝处理 5.支承架及栏杆制作、安装 6.涂层及反光膜设置、安装
NYH06110	波形护栏维修及更换		

表 B.9 交通工程及沿线设施(续)

项目编码	项目名称	计量单位	计价工程内容
NYH06110001	拆除	m	1.拆除、废弃 2.清理现场
NYH06110002	修复	m	1.修复破损部分 2.清理现场
NYH06110003	调整	m	调整、校正
NYH06110004	新增	m	1.立柱打设或安装(含特殊路段立柱基础设置) 2.波形梁钢护栏安装(含柱帽、防阻块、拼连接螺栓、螺母、垫片、加劲梁、锚固件等) 3.端头处理
NYH06110005	波形护栏局部更换		
NYH061100050001	普通型钢护栏	m	1.拆除、更换破损部分 2.清理现场
NYH061100050002	双波加强型钢护栏		
NYH0611000500020001	Gr-A-2E	m	1.立柱打设或安装(含特殊路段立柱基础设置) 2.波形梁钢护栏安装(含柱帽、防阻块、拼连接螺栓、螺母、垫片、加劲梁、锚固件等) 3.端头处理
NYH0611000500020002	Gr-A-4E	m	
NYH0611000500020003	Gr-B-2E	m	
NYH0611000500020004	Gr-B-4E	m	
NYH0611000500020005	Gr-C-2E	m	
NYH0611000500020006	Gr-C-4E	m	
NYH061100050003	三波加强型钢护栏	m	1.拆除、更换破损部分 2.清理现场
NYH061100050004	双层双波加强型钢护栏	m	
NYH061100050005	桥路连接过渡段钢护栏	m	
NYH061100050006	更换防阻块	处	1.拆除、更换破损部分 2.清理现场
NYH061100050007	更换护栏盖帽	处	
NYH06110006	波形护栏立柱升高	根	1.准备材料 2.立柱升高安装 3.清理现场
NYH06120	缆索护栏维修		
NYH06120001	拆除	m	1.拆除、废弃 2.清理现场
NYH06120002	修复	m	1.修复破损部分 2.清理现场
NYH06120003	调整	m	调整、校正
NYH06120004	局部更换	m	1.立柱打设或安装 2.钢缆索安装(含附件)
NYH06130	活动式护栏维修		

表 B.9 交通工程及沿线设施(续)

项目编码	项目名称	计量单位	计价工程内容
NYH06130001	修复	m	修复破损部分
NYH06130002	局部更换	m	1. 立柱设置 2. 活动式钢护栏安装(含防眩板)
NYH06140	警示桩维修、墙式护栏或警示墩局部更换		
NYH06140001	警示桩拆除	块	1. 拆除、废弃 2. 清理现场
NYH06140002	警示桩局部更换	块	1. 基础开挖 2. 制作、安装 3. 反光膜设置
NYH06140003	连续式墙式护栏局部更换	m	1. 拆除、更换破损部分,养护 2. 清理现场
NYH06140004	间断式警示墩局部更换	m	1. 拆除、更换破损部分,养护 2. 清理现场
NYH06150	防撞墩维修		
NYH06150001	拆除	块	1. 拆除、废弃 2. 清理现场
NYH06150002	修复	块	修复破损部分
NYH06160	单柱式交通标志维修		
NYH06160001	拆除	个	1. 拆除、废弃 2. 清理现场
NYH06160002	修复	个	修复破损部分
NYH06160003	更换	个	1. 拆除、更换破损部分,养护 2. 清理现场
NYH06160004	新增		
NYH061600040001	△700	个	1. 基槽开挖 2. 基础施工(钢筋与预埋件安装、混凝土浇筑等) 3. 立柱、标志板及各种匹配件制作与安装 4. 清理,弃方处理
NYH061600040002	△700 + △700	个	
NYH061600040003	△700 + △700 + △700	个	
NYH061600040004	△700 + φ600	个	
NYH061600040005	△700 + △700 + φ600	个	
NYH061600040006	△900	个	
NYH061600040007	△1100	个	
NYH061600040008	φ600	个	
NYH061600040009	φ800	个	
NYH061600040010	□520×320	个	
NYH061600040011	□700×380	个	
NYH061600040012	□770×1240	个	
NYH061600040013	□800×600	个	
NYH061600040014	□1000×700	个	
NYH061600040015	□1200×540	个	
NYH061600040016	□1500×825	个	
NYH061600040017	□1500×1000	个	
NYH06170	双柱式交通标志维修		

表 B.9 交通工程及沿线设施(续)

项目编码	项目名称	计量单位	计价工程内容
NYH06170001	拆除	个	1.拆除、废弃 2.清理现场
NYH06170002	修复	个	1.修复破损部分 2.清理现场
NYH06170003	更换	个	1.拆除、更换破损部分 2.清理现场
NYH06180	门架式交通标志维修		
NYH06180001	拆除	个	1.拆除、废弃 2.清理现场
NYH06180002	修复	个	1.修复破损部分 2.清理现场
NYH06180003	更换	个	1.拆除、更换破损部分 2.清理现场
NYH06180004	新增		
NYH061800040001	限高门架	个	1.基槽开挖 2.基础施工(钢筋与预埋件安装、混凝土浇筑等) 3.立柱、标志板及各种匹配件的制作与安装 4.清理现场
NYH06190	单悬臂式交通标志维修		
NYH06190001	拆除	个	1.拆除、废弃 2.清理现场
NYH06190002	修复	个	1.修复破损部分 2.清理现场
NYH06190003	更换	个	1.拆除、更换破损部分 2.清理现场
NYH06190004	新增		
NYH061900040001	□2500×1100	个	1.基槽开挖 2.基础施工(钢筋与预埋件安装、混凝土浇筑等) 3.立柱、标志板及各种匹配件的制作与安装 4.清理,弃方处理
NYH061900040002	□4200×2200	个	1.基槽开挖 2.基础施工(钢筋与预埋件安装、混凝土浇筑等) 3.立柱、标志板及各种匹配件的制作与安装 4.清理,弃方处理

表 B.9 交通工程及沿线设施(续)

项目编码	项目名称	计量单位	计价工程内容
NYH06200	双悬臂式交通标志维修		
NYH06200001	拆除	个	1. 拆除、废弃 2. 清理现场
NYH06200002	修复	个	1. 修复破损部分 2. 清理现场
NYH06200003	更换	个	1. 拆除、更换破损部分 2. 清理现场
NYH06210	附着式交通标志维修		
NYH06210001	拆除	个	1. 拆除、废弃 2. 清理现场
NYH06210002	修复	个	1. 修复破损部分 2. 清理现场
NYH06210003	更换	个	1. 拆除、更换破损部分 2. 清理现场
NYH06230	里程碑(牌)、百米桩(牌)、界碑(牌)维修		
NYH06230001	拆除里程碑(牌)、百米桩(牌)、界碑(牌)		
NYH062300010001	拆除里程碑(牌)	块	1. 拆除、废弃 2. 清理现场
NYH062300010002	拆除百米桩(牌)	块	
NYH062300010003	拆除界碑(牌)	块	
NYH06230002	里程碑(牌)、百米桩(牌)、界碑(牌)更换		
NYH062300020001	里程碑(牌)更换	块	1. 拆除破损碑(牌、桩)、清理现场 2. 制作、安装
NYH062300020002	百米桩(牌)更换	块	
NYH062300020003	界碑(牌)更换	块	
NYH062300020004	里程碑(牌)更换		
NYH0623000200040001	混凝土里程碑(牌)	块	
NYH0623000200040002	铝合金里程碑(牌)	块	1. 拆除破损碑(牌、桩)、清理现场 2. 制作、安装
NYH062300020005	百米桩(牌)更换		
NYH0623000200050001	混凝土百米桩(牌)	块	
NYH0623000200050002	铝合金百米桩(牌)	块	
NYH0623000200050003	玻璃钢百米桩(牌)	块	
NYH06230003	隔离墩维修		
NYH062300030001	更换	处	1. 拆除破损部分、清理现场 2. 制作、安装
NYH062300030002	油漆	处	1. 清刷干净 2. 涂油漆

表 B.9 交通工程及沿线设施(续)

项目编码	项目名称	计量单位	计价工程内容
NYH06230004	警示桩维修		
NYH062300040001	更换	根	1.拆除破损部分、清理现场 2.制作、安装
NYH062300040002	油漆	根	1.清刷干净 2.涂油漆
NYH06230005	道口标柱		
NYH062300050001	修复	根	1.拆除破损部分、清理现场 2.制作、安装
NYH062300050002	重建或新增	根	1.制作、安装 2.清理现场
NYH06240	道路交通标线局部修复		
NYH06240001	热熔型涂料路面标线修复		
NYH062400010001	1号标线	m²	1.清除旧标线 2.路面清洗 3.喷涂下涂剂、底油 4.喷涂标线(含玻璃珠)
NYH062400010002	2号标线	m²	
NYH06240002	溶剂常温涂料路面标线修复		
NYH062400020001	1号标线	m²	1.清除旧标线 2.路面清洗 3.喷涂下涂剂、底油 4.喷涂标线(含玻璃珠)
NYH062400020002	2号标线	m²	
NYH06240003	溶剂加热涂料路面标线修复		
NYH062400030001	1号标线	m²	1.清除旧标线 2.路面清洗 3.喷涂下涂剂、底油 4.喷涂标线(含玻璃珠等)
NYH062400030002	2号标线	m²	
NYH06240004	特殊路面标线修复		
NYH062400040001	震动标线(热熔突起型标线)	m²	1.清除旧标线 2.路面清洗 3.喷涂下涂剂、底油 4.喷涂标线(含玻璃珠等)
NYH062400040002	防滑标线	m²	
NYH062400040003	水性反光标线	m²	
NYH06240005	减速带修复		
NYH062400050001	拆除	m	1.拆除、废弃 2.清理现场
NYH062400050002	更换	m	制作、安装(含锚固件等)

表 B.9 交通工程及沿线设施(续)

项目编码	项目名称	计量单位	计价工程内容
NYH062400050003	更换(橡胶减速带)	m	制作、安装(含锚固件等)
NYH062400050004	更换(铸钢减速带)	m	制作、安装(含锚固件等)
NYH06240006	突起路标修复		
NYH062400060001	单面突起路标	个	1.路面清洗 2.安装
NYH062400060002	双面突起路标	个	1.路面清洗 2.安装
NYH06240007	轮廓标修复		
NYH062400070001	柱式轮廓标	个	1.挖基及基础处理 2.安装
NYH062400070002	附着式轮廓标	个	制作(购买)、安装
NYH062400070003	1243线形(条型)轮廓标	片	制作(购买)、安装
NYH062400070004	柱式边缘视线诱导标	个	制作(购买)、安装
NYH06240008	立面标记修复	处	涂敷或安装
NYH06240009	隆声带修复	m²	1.隆声带刻设 2.防水、反光等处理
NYH06240010	彩色陶瓷颗粒防滑路面	m²	1.挖除破损部分 2.清理下承面 3.拌和、运输 4.摊铺、整形 5.压实 6.初期养护
NYH06250	防眩设施维修		
NYH06250001	防眩板维修		
NYH062500010001	拆除	m	1.拆除、废弃 2.清理现场
NYH062500010002	更换	m	1.设置安装基础(含预埋件、锚固件等) 2.安装
NYH06250002	防眩网维修		
NYH062500020001	拆除	m²	1.拆除、废弃 2.清理现场
NYH062500020002	更换	m²	1.设置安装基础(含预埋件、锚固件等) 2.安装
NYH06260	道路反光镜维修		
NYH06260001	修复	个	1.材料准备 2.拆除破损部分 3.制作(购买)、安装 4.清理现场

表 B.9 交通工程及沿线设施(续)

项目编码	项目名称	计量单位	计价工程内容
NYH06260002	重建或新增	个	1. 材料准备 2. 制作(购买)、安装 3. 清理现场
NYH06270	爆闪灯		
NYH06270001	修复	个	1. 材料准备 2. 拆除破损部分 3. 制作(购买)、安装 4. 清理现场
NYH06270002	重建或新增	个	1. 材料准备 2. 制作(购买)、安装 3. 清理现场
NYH06280	防撞桶		
NYH06280001	换膜	m²	1. 材料准备 2. 拆除破损部分 3. 制作(购买)、安装 4. 清理现场
NYH06280002	更换		
NYH062800020001	750mm×450mm	个	1. 拆除、废弃 2. 制作(购买)、安装 3. 清理现场
NYH062800020002	1100mm×900mm	个	

B.2.8 第700章 公路绿化与环境保护

B.2.8.1 一般规定

B.2.8.1.1 本章公路绿化与环境保护,主要包括维护期间环境保护以及公路绿化工程中植物的补种植和管理等的有关作业。工程内容主要有加铺表土、绿化补植等。

B.2.8.1.2 除按图纸施工的永久性环境保护工程外,其他施工期间采取的环境保护措施已包含在相应的工程项目中,不另行计量。

B.2.8.1.3 补播草种和补植草皮包括在公路绿化区域内铺设表土的层面上撒播草种或铺植草皮和施肥、布设喷灌设施等绿化工程作业。其中,草种、水、肥料等,作为承包人撒播草种的附属工作,不另行计量;喷灌设施的闸阀、水表、洒水栓等,作为喷灌管道的附属工作,不另行计量。

B.2.8.1.4 补(种)植乔木、灌木包括在公路绿化区域内提供和补(种)植乔木、灌木。其中,补(种)植用水、设置水池储水、施肥等,均作为承包人种植植物的附属工作,不另行计量。

B.2.8.1.5 本章项目未明确指出的工程内容,如场地清理、废方弃运、场地运输等,均已包含在相应的工程项目中,不另行计量。

B.2.8.2 计价规则

农村公路养护工程工程量清单项目设置及计价工程内容涉及公路绿化与环境保护部分,应按表 B.10 的规定执行。

表 B.10 公路绿化与环境保护

项目编码	项目名称	计量单位	计价工程内容
NYH07100	加铺表土	m^3	1. 挖运土及地表处理 2. 表土及垫层土加铺、排水处理等
NYH07110	绿化补植		
NYH07110001	补播草种	m^2	1. 平整土地 2. 撒播草籽 3. 洒水覆盖及养护 4. 清理现场
NYH07110002	补植草皮	m^2	1. 平整土地 2. 铺植草皮 3. 洒水、养护 4. 清理现场
NYH07110003	乔木补植	棵	1. 划线布坑、挖坑 2. 栽植、扶正、回填、浇水、养护 3. 清理现场
NYH07110004	灌木补植	棵	
NYH07120	绿化专项养护		
NYH07120001	两侧行道树养护	m	1. 防旱、防冻、防虫、刷白处理 2. 修剪、整形等
NYH07120002	边坡绿化养护	m^2	1. 防旱、防冻、防虫、刷白处理 2. 修剪、整形等

附 录 C
（资料性）
农村公路养护费用

C.1 费用指标

农村公路养护预算费用指标应按表 C.1～表 C.6 的规定执行。

表 C.1 日常巡查费用指标表

行政等级	费用指标	
	道路[元/(km·年)]	桥梁[元/(延米·年)]
县道	1060.23	80.00
乡道	570.41	80.00
村道	320.26	80.00
注：道路的数量按路基长度（路线长度扣减桥梁后的长度）进行计算。		

表 C.2 日常保养费用指标表

行政等级	费用指标	
	道路[元/(km·年)]	桥梁[元/(延米·年)]
县道	4132.11	91.65
乡道	2001.31	84.54
村道	1165.98	80.30

注1：道路的数量按路基长度（路线长度扣减桥梁后的长度）进行计算。
注2：表中各日常保养费用指标不含机电及房建工程的日常保养，如某条公路有沿线房建工程，则按房建建筑面积与场区面积之和乘以指标计算，指标为 15 元/(m²·年)。机电工程按实际保养内容单独计算保养费用。
注3：日常保养指标已包含垃圾清运及处理费用。
注4：机电工程日常保养作业内容包括定期地对机电设施表面保洁、干燥、润滑、除尘、清污、除锈、防锈，保持机房、机架、机箱环境清洁，维护系统软件与数据等；沿线房建工程日常保养作业内容包括对公路沿线服务区、停车区、养护工区、公共汽车停靠站等设施范围的保洁、绿化、管理、养护等。

表 C.3 小修费用指标表

行政等级	费用指标	
	道路[元/(km·年)]	桥梁[元/(延米·年)]
县道	4832.32	100.00
乡道	2480.02	100.00
村道	1523.52	100.00

注1：道路的数量按路基长度（路线长度扣减桥梁后的长度）进行计算。
注2：表中小修费指标不含机电及房建工程的小修费，如某条公路有沿线房建工程，则按房建建筑面积与场区面积之和乘以指标计算，指标为 16 元/(m²·年)。机电工程按实际小修内容单独计算小修费用。

表 C.4 技术状况评定费用指标表

行政等级	费用指标	
	道路[元/(km·年)]	桥梁[元/(延米·年)]
县道	1037.95	150.00
乡道	679.01	150.00
村道	245.21	150.00

注1：道路的数量按路基长度(路线长度扣减桥梁后的长度)进行计算。
注2：桥梁指标不含技术复杂大桥的技术状况评定费，需要时按合同计列费用。
注3：桥梁指标已综合了桥检车的费用。

表 C.5 道路竣(交)工验收试验检测费用指标表

行政等级	交工验收试验检测费用指标（元/km）	竣工验收试验检测费用指标（元/km）
县道	3622.50	2415.00
乡道	2173.50	1449.00
村道	1304.10	869.40

注1：道路的数量按路基长度(路线长度扣减桥梁后的长度)进行计算。
注2：道路指标按交工验收和竣工验收两阶段分开制订，如采用一阶段验收，按表中的交工验收试验检测费用指标计取。

表 C.6 桥梁竣(交)工验收试验检测费表

桥梁类型	交工验收试验检测费用指标基价（元/座）	竣工验收试验检测费用指标基价（元/座）
大桥	13800.00	9200.00
中桥	6000.00	4000.00
小桥	3000.00	2000.00

注1：桥梁指标按桥梁类型划分。
注2：桥梁指标不含动静载试验费，如发生按实计列。
注3：桥梁指标不含特大桥、特殊结构大桥的竣(交)工验收试验检测费，需要时按实计列。
注4：桥梁指标按交工验收和竣工验收两阶段分开制订，如采用一阶段验收，按表中的交工验收试验检测费用指标计取。

C.2 小修工程量清单综合指导价

农村公路养护工程小修工程量清单综合指导价应按表 C.7 的规定执行。

表 C.7 小修工程量清单综合指导价表

项目编码	项目名称	计量单位	综合指导价（元）	备注
第200章 路基				
NXX02100	清理			
NXX02100001	清理零星塌方	m³	11.79	
NXX02110	维修			
NXX02110002	边沟、排水沟、截水沟、急流槽维修	m	61.40	

表 C.7 小修工程量清单综合指导价表(续)

项目编码	项目名称	计量单位	综合指导价(元)	备注
第 200 章　路基				
NXX02110003	边沟盖板维修、更换			
NXX021100030001	维修	块	10.04	
NXX021100030002	更换	块	55.18	
NXX021100030003	维修	m^3		
NXX021100030004	更换	m^3		
NXX02110004	挡土墙维修			
NXX021100040001	M7.5浆砌片石	m^3	496.15	
NXX021100040002	C20混凝土	m^3	562.20	
NXX021100040003	C25混凝土	m^3	583.54	
NXX021100040004	C30混凝土	m^3	602.05	
NXX021100040005	勾缝	m^2	23.13	
NXX021100040006	抹面	m^2	20.72	
NXX02110005	边坡整理	m^2	4.79	
NXX02110006	土路肩修整	m^2	3.14	
NXX02110008	拦水带维修	m	35.80	
第 300 章　路面				
NXX03100	除雪、撒防滑材料			
NXX03100001	除雪、除冰	m^2	3.21	
NXX03100002	防滑材料			
NXX031000020001	储备防滑材料(砂)	m^3	89.73	
NXX031000020002	撒防滑材料(砂)	m^2	3.76	
NXX031000020003	储备融雪材料(融雪剂)	t	1250.00	
NXX031000020004	撒融雪材料(融雪剂)	m^2	2.40	
NXX031000020005	储备融雪材料(融雪盐)	t	502.00	
NXX031000020006	撒融雪材料(融雪盐)	m^2	2.22	
NXX03100003	除雪、除冰	m^3		
NXX03110	水泥混凝土路面维修			
NXX03110001	破板修复			
NXX031100010001	破板凿除	m^2	29.97	
NXX031100010002	水泥混凝土修复(普通混凝土)	m^2	158.92	
NXX031100010003	沥青混凝土加铺	m^2	59.09	
NXX031100010004	水泥混凝土修复(快凝混凝土)	m^3	1256.00	
NXX03110002	水泥混凝土路面板底			
NXX031100020001	灌(注)浆	m^3	456.00	
NXX031100020002	素混凝土填充	m^3	419.80	
NXX03110003	填缝料更换	m	3.99	

表 C.7 小修工程量清单综合指导价表(续)

项目编码	项目名称	计量单位	综合指导价(元)	备注
第300章　路面				
NXX03110004	裂缝灌缝	m	13.66	
NXX03110005	错台处治	m	15.17	
NXX03110006	机械刻槽	m²	2.34	
NXX03110007	边角剥落修复	m	15.85	
NXX03120	沥青混凝土路面维修			
NXX03120001	纵横向裂缝维修			
NXX031200010001	灌缝胶(不刻槽、裂缝宽度6mm及以内)	m	10.43	
NXX031200010002	灌缝胶(刻槽、裂缝宽度6mm以上)	m	17.01	
NXX031200010003	贴缝带(裂缝宽度6mm及以内)	m	8.83	
NXX031200010004	贴缝带(裂缝宽度6mm以上)	m	10.34	
NXX031200010005	普通沥青(裂缝宽度6mm及以内)	m	9.48	
NXX03120002	块状裂缝、龟裂维修	m²	26.64	
NXX03120003	沉陷、坑槽、车辙、翻浆处理	m²	112.85	
NXX03120004	波浪、松散、拥包、泛油处理	m²	38.70	
NXX03130	其他路面维修及路面结构物接顺处理			
NXX03130001	泥结集料类路面维修	m²	11.35	
NXX03130002	砂石路面维修	m²	12.86	
NXX03130003	稳定基层维修	m³	258.62	
NXX03130004	路面结构物接顺处理	m²	48.63	
NXX03130005	砖铺路面维修	m²	40.52	
NXX03140	缘石、侧石、平石维修			
NXX03140001	刷白	m	7.40	
NXX03140002	维修	m	21.40	
NXX03140003	更换	m	31.79	
第400章　桥梁、涵洞				
NXX04100	桥面系维修			
NXX04100001	桥面铺装修复			
NXX041000010001	水泥混凝土桥面	m²	135.73	
NXX041000010002	沥青混凝土桥面	m²	118.50	
NXX041000010003	防水层	m²	27.01	
NXX04100002	排水系统修复			
NXX041000020001	泄水管(铸铁)	套	55.24	
NXX041000020002	排水槽	m	46.36	
NXX04100003	人行道、护栏修补	m	107.61	

表 C.7 小修工程量清单综合指导价表（续）

项目编码	项目名称	计量单位	综合指导价（元）	备注
第400章　桥梁、涵洞					
NXX04100004	桥上灯柱维护	个	51.56	
NXX04100005	伸缩装置维护	m	299.88	
NXX04100006	护栏刷漆	m	23.22	
NXX04100007	支座维修	个	63.64	
NXX04100008	伸缩缝止水胶条更换	m	318.50	
NXX04100009	支座更换	个		
NXX04110	桥梁下部结构维修			
NXX04110001	墩台及基础			
NXX041100010001	混凝土浇筑修补	m³	686.07	
NXX041100010002	砖砌修补	m³	465.80	
NXX041100010003	浆砌修补	m³	354.40	
NXX04110002	锥坡、翼墙维修			
NXX041100020001	混凝土浇筑修补	m³	604.63	
NXX041100020002	砖砌修补	m³	453.62	
NXX041100020003	浆砌修补	m³	413.57	
NXX04110003	抛石护基	m³	155.14	
NXX04120	涵洞维修			
NXX04120001	混凝土局部维修	m³	709.07	
NXX04120002	浆砌片石修补	m³	413.57	
第500章　隧道					
……	……	……	……	
第600章　交通工程及沿线设施					
NXX06100	交通安全设施维护			
NXX06100001	道路交通标志维护			
NXX061000010001	单柱式交通标志维护	块	99.48	
NXX061000010002	双柱式交通标志维护	块	105.41	
NXX061000010003	门架式交通标志维护	块	295.33	
NXX061000010004	单悬臂式交通标志维护	块	300.60	
NXX061000010005	双悬臂式交通标志维护	块	329.43	
NXX061000010006	附着式交通标志维护	块	38.89	
NXX06110	护栏维修			
NXX06110001	波形护栏局部更换			
NXX061100010001	维修	m	56.50	
NXX061100010002	局部更换	m	259.57	
NXX061100010003	更换立柱	根	173.80	
NXX061100010004	更换端头	个	148.10	

表 C.7 小修工程量清单综合指导价表(续)

项目编码	项目名称	计量单位	综合指导价（元）	备注
第600章 交通工程及沿线设施				
NXX06110002	缆索护栏维修及局部更换			
NXX061100020001	维修	m	62.82	
NXX061100020002	局部更换	m	179.12	
NXX06110003	活动护栏局部更换	m	293.76	
NXX06110004	墙式护栏或警示墩局部更换			
NXX061100040001	连续式墙式护栏局部更换	m	324.60	
NXX061100040002	间断式警示墩局部更换	m	320.47	
NXX06120	护栏及警示墩油漆			
NXX06120001	混凝土护栏面油漆	m	20.34	
NXX06120002	钢护栏面油漆	m	19.18	
NXX06120003	砌体面油漆	m	17.64	
NXX06130	隔离栅及护网维修	m	6.98	
NXX06140	道路交通标志维修			
NXX06140001	里程碑(牌)、百米桩(牌)、界碑(牌)更换			
NXX061400010001	里程碑(牌)更换	块	211.33	
NXX061400010002	百米桩(牌)更换	块	44.20	
NXX061400010003	界碑(牌)更换	块	141.83	
NXX061400010004	里程碑(牌)刷漆、喷字	块	19.20	
NXX061400010005	百米桩(牌)刷漆	块	7.70	
NXX061400010006	里程碑(牌)涂涂料、喷字	块	17.86	
NXX061400010007	百米桩(牌)涂涂料	块	7.39	
NXX06140002	隔离墩维修			
NXX061400020001	更换	处	157.21	
NXX061400020002	油漆	处	28.45	
NXX06140003	警示桩维修			
NXX061400030001	更换	根	81.25	
NXX061400030002	油漆	根	22.01	
NXX06150	道路交通标线局部修复			
NXX06150001	旧标线清除	m²	7.78	
NXX06150002	热熔型涂料路面标线局部修复	m²	51.11	
NXX06150003	溶剂加热涂料路面标线局部修复	m²	53.18	
NXX06150004	冷漆路面标线局部修复	m²	36.39	
NXX06150005	突起路标更换	个	15.70	
NXX06150006	轮廓标更换	个	20.29	
NXX06160	防眩设施维修			

表 C.7 小修工程量清单综合指导价表(续)

项目编码	项目名称	计量单位	综合指导价（元）	备注
第 600 章 交通工程及沿线设施				
NXX06160001	防眩板更换	块	62.35	
NXX06160002	防眩网更换	m	104.27	
第 700 章 公路绿化与环境保护				
NXX07100	绿化补植			
NXX07100001	乔木补植	棵	66.33	
NXX07100002	灌木补植	棵	25.66	
NXX07100003	草皮补植	m²	11.38	
NXX07100004	草籽补播	m²	15.41	

C.3 养护工程工程量清单综合指导价

农村公路养护工程工程量清单综合指导价应按表 C.8 的规定执行。

表 C.8 养护工程工程量清单综合指导价表

项目编码	项目名称	计量单位	综合指导价（元）	备注
清单 第 200 章 路基				
NYH02100	场地清理及拆除			
NYH02100001	场地清理			
NYH021000010001	清理现场	m²	3.94	
NYH021000010002	砍树挖根	棵	52.07	
NYH02110	拆除结构物			
NYH02110001	拆除砖砌体结构	m³	63.97	
NYH02110002	拆除干砌片(块)石结构	m³	61.31	
NYH02110003	拆除浆砌片(块)石结构	m³	73.54	
NYH02110004	拆除混凝土结构	m³	153.15	
NYH02110005	拆除钢筋混凝土结构	m³	229.26	
NYH02120	局部维修挖方			
NYH02120001	挖土方	m³	9.95	
NYH02120002	挖石方	m³	31.17	
NYH02120003	挖淤泥	m³	21.03	
NYH02130	局部维修填方			
NYH02130001	利用方填筑	m³	9.45	
NYH02130002	借方填筑	m³	16.42	
NYH02130003	结构物台背回填	m³	87.26	
NYH02130004	路基换填			
NYH021300040001	换填土	m³	36.10	
NYH021300040002	换填砂砾类土	m³	98.21	

表 C.8 养护工程工程量清单综合指导价表(续)

项目编码	项目名称	计量单位	综合指导价（元）	备注
清单 第200章 路基				
NYH02140	路基处治			
NYH02140001	路基翻浆处治			
NYH021400010001	设置透水隔离层	m³	143.78	
NYH021400010002	增设盲沟	m	81.22	
NYH02140002	路基注浆处置	m³	639.90	
NYH02140003	路基翻压	m³	26.25	
NYH02150	排水设施修复或完善			
NYH02150001	边沟	m	110.12	
NYH02150002	排水沟	m	87.59	
NYH02150003	截水沟	m	90.79	
NYH02150004	急流槽	m	129.50	
NYH02150005	盲(渗)沟	m	117.59	
NYH02150006	拦水带	m	46.62	
NYH02150007	跌水井	个	316.74	
NYH02150008	边沟			
NYH021500080001	M7.5浆砌片石	m³	441.58	
NYH021500080002	M10浆砌片石	m³	474.15	
NYH021500080003	C25现浇混凝土	m³	600.78	
NYH02150009	排水沟			
NYH021500090001	M7.5浆砌片石	m³	441.58	
NYH021500090002	M10浆砌片石	m³	474.15	
NYH021500090003	C25现浇混凝土	m³	600.78	
NYH02150010	截水沟			
NYH021500100001	M7.5浆砌片石	m³	441.58	
NYH021500100002	M10浆砌片石	m³	474.15	
NYH021500100003	C25现浇混凝土	m³	600.78	
NYH021500100004	C25混凝土预制块	m³	604.90	
NYH02150011	急流槽			
NYH021500110001	M7.5浆砌片石	m³	441.58	
NYH021500110002	M10浆砌片石	m³	474.15	
NYH021500110003	C25现浇混凝土	m³	600.78	
NYH021500110004	钢板急流槽	kg	6.39	
NYH021500110005	钢板急流槽(0.4m×0.4m)	m	485.74	
NYH021500110006	钢板急流槽(0.6m×0.6m)	m	609.03	
NYH02150012	预制安装混凝土盖板	m³	1283.51	

表 C.8 养护工程工程量清单综合指导价表(续)

项目编码	项目名称	计量单位	综合指导价（元）	备注
清单 第200章 路基				
NYH02150013	蒸发池			
NYH021500130001	M7.5浆砌片石	m³	452.36	
NYH021500130002	M10浆砌片石	m³	467.35	
NYH021500130003	C25现浇混凝土	m³	590.86	
NYH02160	防护工程修复或完善			
NYH02160001	塌方、滑坡、风化碎石清理	m³	19.76	
NYH02160002	削坡	m³	35.85	
NYH02160003	自然生态植被护坡修复或完善			
NYH021600030001	铺(植)草皮	m²	16.84	
NYH021600030002	播植(喷播)草灌	m²	9.46	
NYH021600030003	客土喷播草灌	m²	26.62	
NYH021600030004	TBS生态植被	m²	41.98	
NYH021600030005	土工格室植草灌	m²	29.49	
NYH021600030006	植生袋植草灌	m²	45.29	
NYH02160004	浆砌片石护坡修复或完善			
NYH021600040001	骨架护坡	m²	84.14	
NYH021600040002	满砌护坡	m²	146.46	
NYH021600040003	M7.5浆砌片石满砌护坡	m³	478.80	
NYH021600040004	M10浆砌片石满砌护坡	m³	510.85	
NYH02160005	混凝土护坡修复或完善			
NYH021600050001	预制块骨架护坡	m²	61.90	
NYH021600050002	预制块满砌护坡	m²	74.60	
NYH021600050003	现浇混凝土骨架护坡	m²	58.60	
NYH021600050004	锚杆框架护坡	m²	66.00	
NYH02160006	挂网喷浆防护边坡修复或完善			
NYH021600060001	喷浆防护边坡(厚50mm)	m²	52.36	
NYH021600060002	每增加或减少10mm	m²	10.56	
NYH021600060003	铁丝网	m²	17.62	
NYH021600060004	土工格栅	m²	15.92	
NYH021600060005	锚杆	m	32.99	
NYH02160007	挂网锚喷混凝土防护边坡(全坡面)修复或完善			
NYH021600070001	喷混凝土防护边坡(厚50mm)	m²	42.00	
NYH021600070002	每增加或减少10mm	m²	11.51	

表 C.8 养护工程工程量清单综合指导价表(续)

项目编码	项目名称	计量单位	综合指导价（元）	备注
清单 第200章 路基				
NYH021600070003	钢筋网	m²	14.90	
NYH021600070004	铁丝网	m²	17.54	
NYH021600070005	土工格栅	m²	15.74	
NYH021600070006	锚杆	m	34.15	
NYH02160008	坡面防护修复或完善			
NYH021600080001	喷射混凝土(厚50mm)	m²	41.96	
NYH021600080002	每增加或减少10mm	m²	11.71	
NYH021600080003	喷射水泥砂浆(厚50mm)	m²	51.96	
NYH021600080004	每增加或减少10mm	m²	10.52	
NYH02160009	预应力锚索(杆)边坡加固			
NYH021600090001	预应力锚索	m	414.88	
NYH021600090002	锚杆	m	38.76	
NYH021600090003	混凝土锚固板(墩)	m³	724.48	
NYH021600090004	注浆	m³	726.36	
NYH02160010	护面墙修复或完善			
NYH021600100001	浆砌片(块)石护面墙	m³	333.98	
NYH021600100002	混凝土护面墙	m³	716.10	
NYH021600100003	钢筋混凝土护面墙	m³	846.00	
NYH021600100004	条(料)石镶面	m²	1546.84	
NYH02160011	挡土墙修复或完善			
NYH021600110001	干砌片(块)石挡土墙	m³	249.72	
NYH021600110002	浆砌片(块)石挡土墙	m³	366.38	
NYH021600110003	片石混凝土挡土墙	m³	578.12	
NYH021600110004	混凝土挡土墙	m³	648.82	
NYH021600110005	钢筋混凝土挡土墙	m³	807.92	
NYH021600110006	条(料)石镶面	m²	1545.88	
NYH021600110007	挡墙混凝土基础	m³	599.16	
NYH021600110008	挡墙灌注桩基础	m	1613.60	
NYH021600110009	锚固挡土墙	m	1722.60	
NYH021600110010	套墙加固	m³		
NYH021600110011	增建支撑墙加固	m³	357.12	
NYH021600110012	喷涂水泥砂浆保护层	m²	18.88	
NYH02160012	锚杆挡土墙修复或完善			
NYH021600120001	混凝土立柱	m³	955.60	
NYH021600120002	混凝土挡板	m³	960.60	

表 C.8 养护工程工程量清单综合指导价表(续)

项目编码	项目名称	计量单位	综合指导价(元)	备注
清单 第200章 路基				
NYH021600120003	钢筋	m	7.90	
NYH021600120004	锚杆	m	78.29	
NYH02160013	加筋土挡土墙修复或完善			
NYH021600130001	浆砌片(块)石基础	m³	299.68	
NYH021600130002	混凝土基础	m³	524.08	
NYH021600130003	混凝土帽石	m³	939.72	
NYH021600130004	混凝土墙面板	m³	788.60	
NYH02160014	河道防护修复或完善			
NYH021600140001	浆砌片(块)石河床铺砌	m³	352.60	
NYH021600140002	浆砌片石顺坝	m³	378.59	
NYH021600140003	浆砌片石丁坝	m³	379.05	
NYH021600140004	浆砌片石调水坝	m³	379.05	
NYH021600140005	浆砌片石导流堤	m³	387.04	
NYH021600140006	浆砌片石锥(护)坡	m³	348.14	
NYH021600140007	干砌片(块)石	m³	240.80	
NYH021600140008	混凝土护岸	m³	654.44	
NYH021600140009	钢筋混凝土护岸	m³	1320.52	
NYH02160015	混凝土封顶修复或完善	m³	673.00	
NYH02160016	抛石处理			
NYH021600160001	抛片(块)石	m³	194.44	
NYH021600160002	石笼抛石	m³	230.22	
NYH02160017	整修边坡			
NYH021600170001	土方加固	m³	12.07	
NYH021600170002	砂袋防护	m³	44.50	
NYH02170	路肩修复或完善			
NYH02170001	土路肩	m³	33.80	
NYH02170002	硬路肩	m³	549.65	
NYH02170003	砂砾路肩	m³	137.36	
NYH02170004	土路肩	m²	2.80	
清单 第300章 路面				
NYH03100	挖除、铣刨、破碎旧路面			
NYH03100001	水泥混凝土路面			
NYH031000010001	水泥路面多锤头碎石化	m²	30.00	
NYH031000010002	水泥路面多镐头碎石化	m²	28.00	
NYH031000010003	水泥路面共振碎石化	m²	32.50	

117

表 C.8 养护工程工程量清单综合指导价表(续)

项目编码	项目名称	计量单位	综合指导价（元）	备注
清单 第300章 路面				
NYH031000010004	挖除	m³	166.92	
NYH031000010005	破板修复			
NYH0310000100050001	水泥混凝土	m²	153.42	
NYH0310000100050002	沥青混凝土加铺	m²	59.09	
NYH0310000100050003	水泥混凝土	m³	606.13	
NYH031000010006	水泥混凝土路面板底灌(注)浆	m²	40.80	
NYH031000010007	填缝料更换	m	3.84	
NYH031000010008	裂缝灌缝	m	12.49	
NYH031000010009	错台处治	m	14.95	
NYH031000010010	机械刻槽	m²	2.33	
NYH031000010011	露骨处治	m²	40.71	
NYH031000010012	边角剥落修复	m	15.66	
NYH031000010013	路面拉毛	m²	5.28	
NYH03100002	沥青混凝土路面			
NYH031000020001	铣刨	m³	123.95	
NYH031000020002	挖除	m³	78.80	
NYH031000020003	纵横向裂缝维修			
NYH0310000200030001	灌缝胶(不刻槽、裂缝宽度6mm及以内)	m	10.23	
NYH0310000200030002	灌缝胶(刻槽、裂缝宽度6mm以上)	m	16.67	
NYH0310000200030003	贴缝带(裂缝宽度6mm及以内)	m	8.66	
NYH0310000200030004	贴缝带(裂缝宽度6mm以上)	m	10.14	
NYH0310000200030005	普通沥青(裂缝宽度6mm及以内)	m	9.29	
NYH031000020004	块状裂缝、龟裂维修	m	26.22	
NYH03100004	挖除泥结碎(砾)石路面	m³	38.95	
NYH03100005	挖除基层	m³	27.21	
NYH03100006	挖除底基层	m³	25.94	
NYH03100007	挖除旧路肩			
NYH031000070001	土路肩	m³	14.36	
NYH031000070002	水泥混凝土硬路肩	m³	148.79	
NYH031000070003	沥青混凝土硬路肩	m³	74.98	
NYH03100008	路缘石、侧(平)石拆除	m³	21.34	
NYH03110	裂缝类病害处治			
NYH03110001	龟裂处治	m²	37.36	
NYH03110002	不规则裂缝处治	m²	18.29	

表 C.8 养护工程工程量清单综合指导价表(续)

项目编码	项目名称	计量单位	综合指导价（元）	备注
清单 第300章 路面				
NYH03110003	缝宽在5mm以上的纵横向裂缝处治	m²	24.10	
NYH03120	松散类病害处治			
NYH03120001	坑槽修补			
NYH031200010001	厚40mm	m²	76.88	
NYH031200010002	每增加或减少10mm	m²	16.69	
NYH03120002	松散处治	m²	74.17	
NYH03120003	麻面处治	m²	21.42	
NYH03120004	脱皮处治	m²	61.73	
NYH03120005	啃边处治	m²	35.08	
NYH03130	变形类病害处治			
NYH03130001	沉陷处治	m²	74.03	
NYH03130002	车辙处治	m²	64.30	
NYH03130003	波浪处治	m²	33.50	
NYH03130004	搓板处治	m²	33.50	
NYH03130005	拥包处治	m²	23.00	
NYH03140	其他类病害处治			
NYH03140001	泛油处治	m²	6.40	
NYH03140002	磨光处治	m²	7.09	
NYH03140003	翻浆处治	m²	54.27	
NYH03140004	胀起处治	m²	193.80	
NYH03140005	结构物接顺及其他路面维修			
NYH031400050001	砂石路面维修	m²	9.44	
NYH031400050003	稳定基层维修	m³	245.88	
NYH031400050004	结构物接顺处理	m²	37.02	
NYH03140006	缘石、侧石、平石维修			
NYH031400060001	刷白	m	6.84	
NYH031400060002	维修与更换	m	30.28	
NYH031400060003	刷白	m²	33.20	
NYH031400060004	维修与更换	m³	1116.83	
NYH03150	调平层(垫层)修复或加铺			
NYH03150001	碎石调平层	m³	146.05	
NYH03150002	砂砾调平层	m³	127.54	
NYH03160	底基层(垫层)修复或加铺			
NYH03160001	级配碎(砾)石底基层			
NYH031600010001	厚200mm	m²	39.89	

表 C.8 养护工程工程量清单综合指导价表(续)

项目编码	项目名称	计量单位	综合指导价（元）	备注
清单　第300章　路面				
NYH031600010002	每增加或减少10mm	m²	1.91	
NYH03160002	水泥稳定碎石底基层			
NYH031600020001	厚200mm	m²	51.92	
NYH031600020002	每增加或减少10mm	m²	2.39	
NHY03160003	级配砂砾底基层			
NHY031600030001	厚200mm	m²	26.95	
NHY031600030002	每增加或减少10mm	m²	1.29	
NYH03170	**基层修复或加铺**			
NYH03170001	水泥稳定碎(砾)石基层			
NYH031700010001	厚200mm	m²	52.89	
NYH031700010002	每增加或减少10mm	m²	2.49	
NYH03170002	石灰粉煤灰碎(砾)石基层			
NYH031700020001	厚200mm	m²	33.85	
NYH031700020002	每增加或减少10mm	m²	1.65	
NYH03170003	贫混凝土			
NYH031700030001	厚200mm	m²	98.50	
NYH031700030002	每增加或减少10mm	m²	4.95	
NYH03170004	水稳基层非开挖注浆加固	m²	48.20	
NYH03170005	沥青就地冷再生			
NYH031700050001	厚100mm	m²	63.73	
NYH031700050002	每增加或减少10mm	m²	6.06	
NYH03170006	沥青厂拌冷再生			
NYH031700060001	厚100mm	m²	55.20	
NYH031700060002	每增加或减少10mm	m²	5.09	
NYH03170007	水泥稳定土基层			
NYH031700070001	厚200mm	m²	35.60	
NYH031700070002	每增加或减少10mm	m²	1.69	
NYH03170008	水泥稳定砂砾基层			
NYH031700080001	厚200mm	m²	37.91	
NYH031700080002	每增加或减少10mm	m²	1.85	
NYH03170009	级配砂砾基层			
NYH031700090001	厚200mm	m²	22.90	
NYH031700090002	每增加或减少10mm	m²	1.06	
NYH03180	**透层、黏层和封层修复或加铺**			
NYH03180001	透层	m²	6.03	

表 C.8 养护工程工程量清单综合指导价表(续)

项目编码	项目名称	计量单位	综合指导价(元)	备注
清单 第300章 路面				
NYH03180002	黏层	m²	2.88	
NYH03180003	封层			
NYH031800030001	表处封层	m²	19.75	
NYH031800030002	稀浆封层	m²	8.60	
NYH031800030003	纤维封层	m²	22.60	
NYH031800030004	SBS 改性沥青碎石封层	m²	21.60	
NYH031800030005	乳化沥青同步碎石封层	m²	16.80	
NYH031800030006	含砂雾封层	m²	15.00	
NYH03180004	微表处			
NYH031800040001	MS-2 型	m²	16.78	
NYH031800040002	MS-3 型	m²	25.50	
NYH03190	沥青路面修复或加铺			
NYH03190001	细粒式沥青混凝土			
NYH031900010001	厚40mm	m²	48.07	
NYH031900010002	每增加或减少10mm	m²	11.41	
NYH03190002	中粒式沥青混凝土			
NYH031900020001	厚50mm	m²	59.35	
NYH031900020002	每增加或减少10mm	m²	11.27	
NYH03190003	粗粒式沥青混凝土			
NYH031900030001	厚60mm	m²	64.58	
NYH031900030002	每增加或减少10mm	m²	10.22	
NYH03190004	沥青碎石路面			
NYH031900040001	厚60mm	m²	60.28	
NYH031900040002	每增加或减少10mm	m²	9.54	
NYH03190005	桥头加铺			
NYH031900050001	细粒式沥青混凝土	m³	1216.64	
NYH031900050002	中粒式沥青混凝土	m³	1134.14	
NYH03190006	超薄磨耗层			
NYH031900060001	SMC 超薄磨耗层(厚18mm)	m²	27.02	
NYH03200	沥青表面处治及其他面层修复或加铺			
NYH03200001	沥青表面处治	m²	17.54	
NYH03200002	沥青贯入式路面	m²	38.41	
NYH03200003	泥结碎(砾)石	m²	18.90	
NYH03200004	级配碎(砾)石路面	m²	25.36	

表 C.8 养护工程工程量清单综合指导价表(续)

项目编码	项目名称	计量单位	综合指导价（元）	备注
清单　第300章　路面				
NYH03210	改性沥青混凝土路面修复或加铺			
NYH03210001	细粒式改性沥青混凝土			
NYH032100010001	厚40mm	m²	58.99	
NYH032100010002	每增加或减少10mm	m²	14.01	
NYH03210002	中粒式改性沥青混凝土			
NYH032100020001	厚40mm	m²	55.94	
NYH032100020002	每增加或减少10mm	m²	13.29	
NYH03210003	SMA面层			
NYH032100030001	厚40mm	m²	74.82	
NYH032100030002	每增加或减少10mm	m²	17.77	
NYH03220	透水性沥青混凝土路面修复或加铺			
NYH03220001	细粒式透水性沥青混凝土			
NYH032200010001	厚40mm	m²	39.90	
NYH032200010002	每增加或减少10mm	m²	9.48	
NYH03220002	中粒式透水性沥青混凝土			
NYH032200020001	厚50mm	m²	47.70	
NYH032200020002	每增加或减少10mm	m²	9.07	
NYH03230	沥青混凝土再生路面			
NYH03230001	冷再生			
NYH032300010001	厚20mm	m²	35.71	
NYH032300010002	每增加或减少10mm	m²	3.40	
NYH03230002	热再生			
NYH032300020001	厚40mm	m²	58.13	
NYH032300020002	每增加或减少10mm	m²	13.81	
NYH03230003	封边	m	13.46	
NYH03240	水泥混凝土路面修复			
NYH03240001	破板修复	m²	145.01	
NYH03240002	板底灌浆	m³	35.80	
NYH03240003	接缝材料更换	m	3.84	
NYH03240004	裂缝维修	m²	12.49	
NYH03240005	错台处治	m²	14.95	
NYH03240006	刻纹	m²	2.33	
NYH03250	土工合成材料修复或完善			
NYH03250001	土工布	m²	11.51	
NYH03250002	土工格栅	m²	21.22	

表 C.8　养护工程工程量清单综合指导价表(续)

项目编码	项目名称	计量单位	综合指导价（元）	备注
清单　第300章　路面				
NYH03250003	玻纤格栅	m²	15.26	
NYH03260	路缘石修复或完善	m	34.48	
NYH03270	混凝土预制块路缘石修复或完善	m³	720.23	
NYH03280	大理石路缘石修复或完善	m³	827.74	
NYH03290	过水路面修复或完善			
NYH03290001	C30混凝土面层	m³	552.11	
NYH03290002	钢筋	kg	6.36	
NYH03290003	M10浆砌片石路面底层	m³	450.15	
清单　第400章　桥梁、涵洞				
NYH04100	桥面系修复			
NYH04100001	桥面铺装修复			
NYH041000010001	凿除	m³	224.84	
NYH041000010002	重新铺装	m²	122.28	
NYH041000010003	防水层重铺或增设	m²	27.98	
NYH041000010004	水泥混凝土桥面	m²	106.42	
NYH041000010005	沥青混凝土桥面	m²	117.90	
NYH04100002	排水设施修复或完善			
NYH041000020001	泄水管	套	47.66	
NYH041000020002	排水槽	m	28.64	
NYH04100003	人行道、栏杆、护栏、防撞墙修复或完善			
NYH041000030001	人行道	m	56.15	
NYH041000030002	栏杆	m	84.04	
NYH041000030003	护栏	m	83.60	
NYH041000030004	防撞墙	m	54.88	
NYH041000030005	现浇混凝土防撞墙	m³	1340.46	
NYH041000030006	铺设人行道砖	m²	100.80	
NYH04100004	桥上照明设施修理	座	49.55	
NYH04100005	伸缩装置更换(按伸缩结构类型和伸缩量)			
NYH041000050001	模数式伸缩缝伸缩量40mm	m	1582.23	
NYH041000050002	模数式伸缩缝伸缩量60mm	m	1615.85	
NYH041000050003	模数式伸缩缝伸缩量80mm	m	1736.85	
NYH041000050004	模数式伸缩缝伸缩量160mm	m	4743.87	
NYH041000050005	模数式伸缩缝伸缩量240mm	m	6698.72	
NYH04100006	桥头搭板、枕梁修复			

表 C.8 养护工程工程量清单综合指导价表(续)

项目编码	项目名称	计量单位	综合指导价（元）	备注
清单 第400章 桥梁、涵洞					
NYH041000060001	搭板	m³	816.23	
NYH041000060002	枕梁	m³	891.66	
NYH04110	钢筋(预应力)混凝土梁桥加固			
NYH04110001	钢筋混凝土加大截面			
NYH041100010001	钢筋	kg	7.67	
NYH041100010002	混凝土	m³	1617.13	
NYH04110002	植筋	kg	62.50	
NYH04110003	粘贴钢板	kg	9.36	
NYH04110004	粘贴碳纤维、特种玻璃纤维(单层)	m²	483.15	
NYH04110005	预应力加固			
NYH041100050001	穿钢束进行张拉	kg	133.59	
NYH041100050002	增加体外束进行张拉	kg	133.59	
NYH041100050003	竖向预应力加固	kg	133.59	
NYH041100050004	原钢束重新张拉	kg	133.59	
NYH04110006	改变梁体截面形式	m³	1306.64	
NYH04110007	横隔板增加	m³	1227.64	
NYH04110008	简支变连续	m³	1227.64	
NYH04110009	主梁更换	m³	3380.88	
NYH04120	拱桥加固			
NYH04120001	主拱圈强度不足、拱腹面加固			
NYH041200010001	粘贴钢板	kg	5.82	
NYH041200010002	浇筑钢筋混凝土	m³	1474.98	
NYH041200010003	布设钢筋网喷射混凝土	m²	100.60	
NYH041200010004	布设钢筋网喷射水泥砂浆	m²	100.60	
NYH041200010005	拱肋间加底板	m³	1227.84	
NYH041200010006	腹面用衬拱	m³	1227.84	
NYH04120002	主拱圈强度不足、拱背面加固			
NYH041200020001	钢筋	kg	5.21	
NYH041200020002	混凝土	m³	1306.72	
NYH04120003	拱肋、拱上立柱、纵横梁、钢架拱、刚架拱的杆件损坏加固			
NYH041200030001	粘贴钢板	kg	7.99	
NYH041200030002	粘复合纤维片材	m²	785.00	
NYH04120004	桁架拱、刚架拱及拱上框架的节点加固			

表 C.8 养护工程工程量清单综合指导价表(续)

项目编码	项目名称	计量单位	综合指导价（元）	备注
清单 第400章 桥梁、涵洞					
NYH041200040001	粘贴钢板	kg	7.99	
NYH041200040002	粘复合纤维片材	m^2	785.00	
NYH04120005	拱圈的环向连接加固			
NYH041200050001	剪力键嵌入	m	100.60	
NYH04120006	拱肋之间的横向连接加强			
NYH041200060001	钢筋	kg	5.21	
NYH041200060002	混凝土	m^3	1227.60	
NYH04120007	锈蚀、断丝或滑丝的吊杆更换	m	199.32	
NYH04120008	钢管混凝土拱肋拱脚区段或其他构件加固			
NYH041200080001	包裹钢筋混凝土	m^3	1227.60	
NYH041200080002	钢管混凝土拱脱空注浆	m^3	1474.98	
NYH04120009	改变结构体系改善结构受力			
NYH041200090001	拉杆加设	m	199.32	
NYH04120010	拱上建筑更换	m^3	1227.60	
NYH04120011	桥面加固			
NYH041200110001	桥面板更换	m^3	1460.85	
NYH041200110002	钢筋网增加	m	5.74	
NYH041200110003	加厚桥面铺装	m^3	607.44	
NYH041200110004	换用钢纤维混凝土	m^3	1306.64	
NYH04120012	墩、台变位引起拱圈开裂加固			
NYH041200120001	拱圈修补	m^2	199.32	
NYH04130	钢桥加固			
NYH04130001	杆件加固			
NYH041300010001	钢板补贴	kg	7.69	
NYH041300010002	钢夹板夹紧并铆接加固	kg	7.69	
NYH041300010003	水平加劲肋、竖向加劲肋增设	kg	7.69	
NYH041300010004	新钢板、角钢或槽钢补加	kg	7.69	
NYH041300010005	加劲杆件加设	kg	7.69	
NYH041300010006	短角钢加设	kg	7.69	
NYH04130002	恢复和提高整桥承载力			
NYH041300020001	补充钢梁增设	kg	9.85	
NYH041300020002	加劲梁增设	kg	9.85	
NYH041300020003	拱式桁架结构增设	kg	11.39	
NYH041300020004	悬索结构增设	kg	17.68	

表 C.8 养护工程工程量清单综合指导价表(续)

项目编码	项目名称	计量单位	综合指导价（元）	备注
清单　第400章　桥梁、涵洞				
NYH041300020005	竖杆及必要斜杆增设	kg	9.85	
NYH041300020006	体外预应力增设	kg	17.68	
NYH04140	**钢-混凝土组合梁桥加固**			
NYH04140001	钢筋混凝土桥面板加固			
NYH041400010001	高强度等级微膨胀混凝土填补	m³	1306.64	
NYH041400010002	重新浇筑混凝土桥面板	m³	1227.76	
NYH041400010003	预制板更换	m³	1306.64	
NYH041400010004	剪力键增设	m	297.30	
NYH04150	**桥梁支座的维修与更换**			
NYH04150001	桥梁支座的维修	个	201.43	
NYH04150002	桥梁支座更换	个	1218.20	
NYH04150003	桥梁支座增设	个	1183.36	
NYH04150004	更换橡胶支座	dm³	337.31	
NYH04160	**墩台基础加固**			
NYH04160001	重力式基础加固			
NYH041600010001	连接钢筋增设	kg	7.02	
NYH041600010002	连接钢销增设	kg	8.02	
NYH041600010003	浇筑混凝土扩大原基础	m³	724.36	
NYH041600010004	新的扩大基础增设	m³	708.86	
NYH041600010005	钢筋混凝土实体耳墙增设	m³	813.10	
NYH04160002	桩基础加固			
NYH041600020001	扩大桩径	m³	1758.40	
NYH041600020002	桩基灌(压)浆	m³	1015.05	
NYH041600020003	加桩	m³	888.40	
NYH041600020004	扩大承台	m³	509.03	
NYH04160003	人工地基加固			
NYH041600030001	地基注浆	m³	659.20	
NYH041600030002	地基旋喷注浆	m³	465.80	
NYH041600030003	地基深层搅拌	m³	202.20	
NYH04160004	基础防护加固			
NYH041600040001	灌注水下混凝土填补冲空部分	m³	594.51	
NYH041600040002	混凝土填补冲空部分	m³	594.51	
NYH041600040003	编织袋装干硬性混凝土填补冲空部分	m³	594.51	
NYH041600040004	水泥砂浆防护	m³	796.71	

表 C.8 养护工程工程量清单综合指导价表(续)

项目编码	项目名称	计量单位	综合指导价（元）	备注
清单 第400章 桥梁、涵洞				
NYH041600040005	新的调治构造物增设	m³	594.51	
NYH04160005	基础平面防护加固			
NYH041600050001	打梅花桩	m³	543.00	
NYH041600050002	抛石防护	m³	211.20	
NYH041600050003	水泥混凝土板、水泥预制块	m	708.94	
NYH041600050004	铁丝笼	m³	203.04	
NYH041600050005	新的调治构造物增设	座	614.10	
NYH04160006	基础沉降、滑移、倾斜加固			
NYH041600060001	台背填料换填	m³	166.24	
NYH041600060002	钢筋混凝土支撑梁增设	m³	828.97	
NYH041600060003	浆砌片石支撑板增设	m³	820.63	
NYH041600060004	挡土墙、支撑杆、挡块增设	m³	824.72	
NYH041600060005	翼墙加厚、增设	m³	837.93	
NYH041600060006	拉杆增设	m	30.88	
NYH041600060007	上部结构调整或顶升	孔	20190.00	
NYH041600060008	垫块增设	m³	837.23	
NYH041600060009	盖梁加厚	m³	842.12	
NYH041600060010	拱轴线顶推、调整	座	30300.00	
NYH041600060011	梁板顶升(端)	片	1656.52	
NYH04170	墩台加固			
NYH04170001	裂缝加固			
NYH041700010001	钢筋混凝土围带增设	m³	837.63	
NYH041700010002	粘贴钢板箍	m	5.96	
NYH041700010003	加大墩台截面	m³	837.63	
NYH041700010004	灌缝	m	13.46	
NYH04170002	倾斜加固			
NYH041700020001	钢拉杆加设	m	100.60	
NYH04170003	破损加固			
NYH041700030001	钢筋混凝土箍套增设	m³	1015.05	
NYH041700030002	包裹碳纤维片材	m²	457.92	
NYH04170004	墩台增设			
NYH041700040001	台身增设	m³	837.63	
NYH041700040002	墩柱、墩身增设	m³	842.06	
NYH041700040003	新盖梁浇筑	m³	849.73	
NYH04170005	锥坡、翼墙维修加固			

表 C.8 养护工程工程量清单综合指导价表（续）

项目编码	项目名称	计量单位	综合指导价（元）	备注
清单 第400章 桥梁、涵洞				
NYH041700050001	锥坡	m³	313.56	
NYH041700050002	翼墙	m³	313.56	
NYH04180	桥梁抗震加固			
NYH04180001	梁桥防止顺桥向(纵向)落梁的抗震加固			
NYH041800010001	桥台胸墙抗震加固	m³	837.63	
NYH041800010002	挡块增设	m³	837.63	
NYH041800010003	主梁(板)固定	处	621.60	
NYH041800010004	主梁连成整体	处	621.60	
NYH04180002	梁桥防止横向落梁的抗震加固			
NYH041800020001	横向挡块增设	m³	1174.68	
NYH041800020002	横向挡杆、钢拉杆增设	m	199.20	
NYH041800020003	主梁固定	处	836.80	
NYH041800020004	桥面改造	m²	97.68	
NYH041800020005	增设横隔板	m³	1254.00	
NYH04180003	防止支座破坏的梁桥抗震加固			
NYH041800030001	支座挡块增设	m³	1174.68	
NYH041800030002	连接钢筋增设	m	5.21	
NYH04180004	桥墩抗震加固			
NYH041800040001	横(斜)撑增设	m	40.44	
NYH041800040002	钢套管增设	m	30.33	
NYH041800040003	抗震墩增设	m³	747.20	
NYH041800040004	桥墩断面加大	m³	1232.24	
NYH041800040005	套箍增设	m³	747.20	
NYH04180005	桥台抗震加固			
NYH041800050001	围裙加筑	m³	747.20	
NYH041800050002	挡土墙增设	m³	747.20	
NYH041800050003	扶壁或斜撑修筑	m³	747.20	
NYH041800050004	桥台形式调整	座	5180.00	
NYH041800050005	拱抽线顶推调整	座	10260.00	
NYH04180006	基础、地基抗震加固			
NYH041800060001	水泥浆灌注法	m³	1174.68	
NYH041800060002	旋喷灌浆法	m³	1174.68	
NYH041800060003	硅化法	m³	85.24	
NYH04180007	盖梁、承台抗震加固			

表 C.8 养护工程工程量清单综合指导价表(续)

项目编码	项目名称	计量单位	综合指导价（元）	备注
清单 第400章 桥梁、涵洞				
NYH0418000700001	加大截面	m³	827.41	
NYH0418000700002	施加预应力	m	8.72	
NYH04180008	其他设施修复	处		
NYH04180009	抛石处理	m³	161.92	
NYH04190	涵洞的维修			
NYH04190001	地基处理	m³		
NYH04190002	基础处理			
NYH0419000020001	重建基础	m³	396.40	
NYH0419000020002	压浆加固基础	道	1026.00	
NYH04190003	侧墙和翼墙维修	m³	597.60	
NYH04190004	涵洞加固			
NYH0419000040001	混凝土	m³	656.08	
NYH0419000040002	钢筋混凝土	m³	844.80	
NYH0419000040003	混凝土预制块衬砌	m³	850.80	
NYH0419000040004	钢筋混凝土预制块衬砌	m³	1056.00	
NYH0419000040005	现浇衬砌	m³	599.60	
NYH04190005	重建或新增			
NYH0419000050001	圆管涵及倒虹吸管涵			
NYH04190005000010001	钢筋混凝土圆管涵(1~0.75m)	m	1754.75	
NYH04190005000010002	钢筋混凝土圆管涵(1~1.0m)	m	2823.30	
NYH04190005000010003	钢筋混凝土圆管涵(1~1.5m)	m	6081.34	
NYH04190005000010004	钢管涵(1~0.5m)	m	1021.19	
NYH0419000050002	盖板涵、箱涵			
NYH04190005000020001	钢筋混凝土盖板涵(1~1.5m)	m	4249.10	
NYH04190005000020002	钢筋混凝土盖板涵(1~2.0m)	m	5908.07	
NYH04190005000020003	钢筋混凝土盖板涵(1~2.5m)	m	5722.59	
NYH04190005000020004	钢筋混凝土盖板涵(1~3.0m)	m	10010.12	
NYH04190005000020005	钢筋混凝土盖板涵(1~3.5m)	m	11861.74	
NYH04190005000020006	钢筋混凝土盖板涵(1~4.0m)	m	33535.24	
NYH04190006	涵板更换			
NYH0419000060001	钢筋混凝土明板涵更换盖板(1~1.5m)	m	667.74	
NYH04190007	涵洞接长			
NYH0419000070001	钢筋混凝土圆管涵(1~1.0m)	m	3502.60	
NYH0419000070002	钢筋混凝土盖板涵(1~1.5m)	m	5525.60	

表 C.8 养护工程工程量清单综合指导价表(续)

项目编码	项目名称	计量单位	综合指导价（元）	备注
清单 第400章 桥梁、涵洞				
NYH041900070003	钢筋混凝土盖板涵(1~4.0m)	m	19940.90	
NYH04190008	顶推法施工涵洞			
NYH041900080001	圆管涵(1~1.5m)	m	14472.20	
NYH04190009	线外涵			
NYH041900090001	钢筋混凝土圆管涵(1~0.5m)	m	401.14	
清单 第600章 交通工程及沿线设施				
NYH06100	墙式护栏维修			
NYH06100001	拆除	m	110.64	
NYH06100002	修复	m	305.70	
NYH06100003	新增	m	306.05	
NYH06110	波形护栏维修及更换			
NYH06110001	拆除	m	38.32	
NYH06110002	修复	m	116.80	
NYH06110003	调整	m	77.96	
NYH06110004	新增	m	203.56	
NYH06110005	波形护栏局部更换			
NYH061100050001	普通型钢护栏	m	227.25	
NYH061100050002	双波加强型钢护栏			
NYH0611000500020001	Gr-A-2E	m	314.67	
NYH0611000500020002	Gr-A-4E	m	290.64	
NYH0611000500020003	Gr-B-2E	m	296.95	
NYH0611000500020004	Gr-B-4E	m	272.92	
NYH0611000500020005	Gr-C-2E	m	248.36	
NYH0611000500020006	Gr-C-4E	m	224.33	
NYH061100050003	三波加强型钢护栏	m	392.75	
NYH061100050004	双层双波加强型钢护栏	m	490.32	
NYH061100050005	桥路连接过渡段钢护栏	m	497.12	
NYH061100050006	更换防阻块	处	18.05	
NYH061100050007	更换护栏盖帽	处	20.55	
NYH06110006	波形护栏立柱升高	根	121.26	
NYH06120	缆索护栏维修			
NYH06120001	拆除	m	13.32	
NYH06120002	修复	m	58.32	
NYH06120003	调整	m	32.24	
NYH06120004	局部更换	m	112.64	

表 C.8 养护工程工程量清单综合指导价表(续)

项目编码	项目名称	计量单位	综合指导价（元）	备注
清单 第600章 交通工程及沿线设施				
NYH06130	活动式护栏维修			
NYH06130001	修复	m	92.01	
NYH06130002	局部更换	m	273.06	
NYH06140	警示桩维修、墙式护栏或警示墩局部更换			
NYH06140001	警示桩拆除	块	19.09	
NYH06140002	警示桩局部更换	块	113.48	
NYH06140003	连续式墙式护栏局部更换	m	305.60	
NYH06140004	间断式警示墩局部更换	m	313.19	
NYH06150	防撞墩维修			
NYH06150001	拆除	块	73.17	
NYH06150002	修复	块	277.19	
NYH06160	单柱式交通标志维修			
NYH06160001	拆除	个	126.46	
NYH06160002	修复	个	205.63	
NYH06160003	更换	个	354.49	
NYH06160004	新增			
NYH061600040001	△700	个	887.49	
NYH061600040002	△700 + △700	个	966.89	
NYH061600040003	△700 + △700 + △700	个	1119.86	
NYH061600040004	△700 + φ600	个	1008.87	
NYH061600040005	△700 + △700 + φ600	个	1105.28	
NYH061600040006	△900	个	1091.22	
NYH061600040007	△1100	个	1205.08	
NYH061600040008	φ600	个	865.82	
NYH061600040009	φ800	个	920.20	
NYH061600040010	□520×320	个	693.20	
NYH061600040011	□700×380	个	831.80	
NYH061600040012	□770×1240	个	1208.56	
NYH061600040013	□800×600	个	914.11	
NYH061600040014	□1000×700	个	1270.10	
NYH061600040015	□1200×540	个	1228.72	
NYH061600040016	□1500×825	个	1574.25	
NYH061600040017	□1500×1000	个	1709.80	
NYH06170	双柱式交通标志维修			

表 C.8 养护工程工程量清单综合指导价表(续)

项目编码	项目名称	计量单位	综合指导价（元）	备注
清单 第600章 交通工程及沿线设施				
NYH06170001	拆除	个	178.52	
NYH06170002	修复	个	320.43	
NYH06170003	更换	个	290.34	
NYH06180	门架式交通标志维修			
NYH06180001	拆除	个	117.44	
NYH06180002	修复	个	209.99	
NYH06180003	更换	个	309.27	
NYH06180004	新增			
NYH061800040001	限高门架	个	29688.42	
NYH06190	单悬臂式交通标志维修			
NYH06190001	拆除	个	120.04	
NYH06190002	修复	个	203.24	
NYH06190003	更换	个	283.87	
NYH06190004	新增			
NYH061900040001	□2500×1100	个	17881.25	
NYH061900040002	□4200×2200	个	29197.25	
NYH06200	双悬臂式交通标志维修			
NYH06200001	拆除	个	103.97	
NYH06200002	修复	个	199.94	
NYH06200003	更换	个	304.16	
NYH06210	附着式交通标志维修			
NYH06210001	拆除	个	120.44	
NYH06210002	修复	个	187.96	
NYH06210003	更换	个	324.85	
NYH06230	里程碑(牌)、百米桩(牌)、界碑(牌)维修			
NYH06230001	拆除里程碑(牌)、百米桩(牌)、界碑(牌)			
NYH062300010001	拆除里程碑(牌)	块	45.98	
NYH062300010002	拆除百米桩(牌)	块	15.29	
NYH062300010003	拆除界碑(牌)	块	37.63	
NYH06230002	里程碑(牌)、百米桩(牌)、界碑(牌)更换			
NYH062300020001	里程碑(牌)更换	块	202.09	
NYH062300020002	百米桩(牌)更换	块	40.37	

表 C.8 养护工程工程量清单综合指导价表(续)

项目编码	项目名称	计量单位	综合指导价（元）	备注
清单 第600章 交通工程及沿线设施				
NYH062300020003	界碑(牌)更换	块	127.86	
NYH062300020004	里程碑(牌)更换			
NYH0623000200040001	混凝土里程碑(牌)	块	122.11	
NYH0623000200040002	铝合金里程碑(牌)	块	637.85	
NYH062300020005	百米桩(牌)更换			
NYH0623000200050001	混凝土百米桩(牌)	块	13.41	
NYH0623000200050002	铝合金百米桩(牌)	块	23.72	
NYH0623000200050003	玻璃钢百米桩(牌)	块	105.87	
NYH06230003	隔离墩维修			
NYH062300030001	更换	处	144.10	
NYH062300030002	油漆	处	25.80	
NYH06230004	警示桩维修			
NYH062300040001	更换	根	78.52	
NYH062300040002	油漆	根	20.97	
NYH06230005	道口标柱			
NYH062300050001	修复	根	81.08	
NYH062300050002	重建或新增	根	327.63	
NYH06240	道路交通标线局部修复			
NYH06240001	热熔型涂料路面标线修复			
NYH062400010001	1号标线	m²	50.86	
NYH062400010002	2号标线	m²	62.16	
NYH06240002	溶剂常温涂料路面标线修复			
NYH062400020001	1号标线	m²	50.88	
NYH062400020002	2号标线	m²	63.96	
NYH06240003	溶剂加热涂料路面标线修复			
NYH062400030001	1号标线	m²	52.54	
NYH062400030002	2号标线	m²	66.48	
NYH06240004	特殊路面标线修复			
NYH062400040001	震动标线(热熔突起型标线)	m²	106.93	
NYH062400040002	防滑标线	m²	133.28	
NYH062400040003	水性反光标线	m²	76.50	
NYH06240005	减速带修复			
NYH062400050001	拆除	m	29.25	
NYH062400050002	更换	m	190.83	
NYH062400050003	更换(橡胶减速带)	m	177.82	

表 C.8 养护工程工程量清单综合指导价表(续)

项目编码	项目名称	计量单位	综合指导价（元）	备注
清单 第600章 交通工程及沿线设施				
NYH062400050004	更换（铸钢减速带）	m	315.61	
NYH06240006	突起路标修复			
NYH062400060001	单面突起路标	个	14.85	
NYH062400060002	双面突起路标	个	21.90	
NYH06240007	轮廓标修复			
NYH062400070001	柱式轮廓标	个	73.46	
NYH062400070002	附着式轮廓标	个	10.25	
NYH062400070003	1243 线形（条型）轮廓标	片	31.72	
NYH062400070004	柱式边缘视线诱导标	个	153.96	
NYH06240008	立面标记修复	处	55.24	
NYH06240009	隆声带修复	m^2	170.95	
NYH06240010	彩色陶瓷颗粒防滑路面	m^2	197.18	
NYH06250	防眩设施维修			
NYH06250001	防眩板维修			
NYH062500010001	拆除	m	13.15	
NYH062500010002	更换	m	170.55	
NYH06250002	防眩网维修			
NYH062500020001	拆除	m^2	48.01	
NYH062500020002	更换	m^2	201.72	
NYH06260	道路反光镜维修			
NYH06260001	修复	个	206.04	
NYH06260002	重建或新增	个	1020.08	
NYH06270	爆闪灯			
NYH06270001	修复	个	234.09	
NYH06270002	重建或新增	个	795.40	
NYH06280	防撞桶			
NYH06280001	换膜	m^2	236.55	
NYH06280002	更换			
NYH062800020001	750×450	个	299.02	
NYH062800020002	1100×900	个	1045.07	
清单 第700章 公路绿化与环境保护				
NYH07100	加铺表土	m^3	14.36	
NYH07110	绿化补植			
NYH07110001	补播草种	m^2	13.36	
NYH07110002	补植草皮	m^2	10.60	

表 C.8 养护工程工程量清单综合指导价表(续)

项目编码	项目名称	计量单位	综合指导价（元）	备注
清单　第700章　公路绿化与环境保护				
NYH07110003	乔木补植	棵	60.51	
NYH07110004	灌木补植	棵	24.68	
NYH07120	绿化专项养护			
NYH07120001	两侧行道树养护	m	7.41	
NYH07120002	边坡绿化养护	m²	4.86	